Gabriele Köstinger

Poltergeister

Gabriele Köstinger

Poltergeister

Ein Buch für gläubige & ungläubige

Ein Tatsachenbericht über Gespräche
mit Verstorbenen und über die Befreiung
von Störgeistern aus Wohnung, Haus und Hof

SILBERSCHNUR

ISBN 3-89845-036-8

1. Auflage 2003

Covergestaltung: XPresentation, Boppard
Druck: FINIDR s. r. o., Český Těšín

Verlag »Die Silberschnur« GmbH · Steinstraße 1 · D-56593 Güllesheim

www.silberschnur.de
e-mail: info@silberschnur.de

Jeder Weg ist nur ein Weg,
und es ist kein Verstoß gegen sich selbst oder andere,
ihn aufzugeben, wenn dein Herz es dir befiehlt.
... Sieh dir jeden Weg scharf und genau an.
Versuche ihn so oft wie nötig.
Dann frage dich, nur dich allein:
... Ist es ein Weg mit Herz?
Wenn ja, dann ist er ein guter Weg;
wenn nicht, ist er nutzlos.

Carlos Castaneda

Dieses Buch widme ich
meinem Sohn Matthias

INHALT

Vorwort

von Dr. Barbara Häusler

Es war im Jahr 1998. Ich stand wieder mal mit dem Rücken an der Wand und wusste nicht aus noch ein. Ganz „zufällig" sprang mir ein Artikel über Numerologie ins Auge – Autorin: Gabriele Koestinger. Zu diesem Zeitpunkt sagte mir dieser Name weniger als nichts, geschweige denn, dass ich mit Numerologie etwas anzufangen wusste.

Was folgte? Der Beginn einer wunderbaren Freundschaft; die ersten Lektionen, das erste Verstehen und Erkennen und später die ersten Aktionen, Reaktionen und Interaktionen, die Thematik betreffend. Wir sind auf unserer Ebene der Existenz nicht die Einzigen.

Außerdem gelangte ich in den Besitz einer numerologischen Analyse meiner Person, was mir vieles erklärte und mir somit die Annahme meines „Schicksals" – meines Lebens erleichterte. Durch Gabriele wurden viele Fragen nach dem Warum und Wieso beantwortet. Sie stand und steht mir ständig mit Rat und Tat zur Seite, wie auch bei folgenden Ereignissen:

„Charly“ ist ein zugelaufener Kater. Er war hochgradig verängstigt und hatte immer wiederkehrende schlimme Zahnfleischentzündungen, die ihm das Fressen unmöglich machten. Derart von Schmerzen und Angst gepeinigt, noch dazu ohne ein Zuhause, war sowohl sein psychischer als auch sein körperlicher Zustand katastrophal. Das Zuhause fand er bei mir; die Schmerzen konnten wir ihm mit Hilfe des Tierarztes nehmen; die Angst verringerte sich, verschwand aber nie ganz. Er kann sich auf Neues nur langsam einstellen. Lärm, laute Menschen und vieles mehr können ihn wieder zutiefst verschrecken. Ansonsten ist er ein liebes Tier, das mich pausenlos nach seiner Pfeife tanzen lässt. In den Augen kann man seine Freude über die gelungene Erziehung meiner Person ablesen. Eines Tages veränderte er sich, nicht dauernd, nur zwischendurch, aber immer wieder: Seine Augen blickten irgendwie anders – lebloser, unpersönlicher, kalt, ohne Erkennen und ohne Freude – und dann biss er mich auch. Der, der mir nie etwas getan hätte, attackierte mich immer, wenn er diesen Ausdruck in den Augen hatte. Ich befürchtete bereits, zu viele Horrorfilme gesehen zu haben. Dabei mag ich keine Horrorfilme. Ich erzählte Gabriele davon. Als er wieder einmal so agierte, war sie gerade bei mir.

„Der ist besetzt“, lautete die befremdende Diagnose, und Gabriele trat in Aktion. Das heißt, sie nahm Kontakt zu Charly auf und ging der Sache auf den Grund. Es waren kleine, graue längliche Wesen, die Charly drangsalierten. Gabriele besitzt die Fähigkeit diese Wesen zu sehen. Und sie brachte Charly bei, sich gegen diese Quälgeister zu wehren, indem er sie einfach zerbiss. Von da an benahm er sich wieder normal.

Doch einige Wochen später passierten wieder komische Dinge. Ich kam von der Arbeit nach Hause, und der Kater, der mir immer entgegenkommt, um mich zu begrüßen, sprang mir in einer Höhe von 1 m über die ca. 50 cm breite Türschwelle entgegen. Ich konnte kein Hindernis auf der Türschwelle ausmachen, für dessen Überwindung ein so hoher Sprung erforderlich gewesen wäre. Auch im Wohnzimmer bewegte sich der arme Kater, wenn überhaupt, nur mehr in der oberen Etage, d. h. nur mehr auf Sesseln, Tischen und Borden und vermied es peinlichst, dem Boden zu nahe zu kommen oder ihn gar zu betreten.

Gabriele war nicht erreichbar und guter Rat somit teuer. Also begann ich alles, was ich bei ihr gesehen und von ihr gelernt hatte, auf diesen Fall versuchsweise anzuwenden. In meiner Verzweiflung wusste ich mir keinen anderen Rat – und so riss ich die Fenster auf, brüllte „Raus!!!". Ich ließ *es* durchziehen und legte Ankh-Kreuze auf die Türschwelle. Ich konnte das Ergebnis ja nicht direkt überprüfen, da ich nicht über die Fähigkeit verfüge, die Wesen zu sehen. Charly zeigte mir durch sein Verhalten, was sich geändert hatte. Die Schwelle war anscheinend frei – er ging normal darüber, nachdem er sukzessive die Sprunghöhe reduziert hatte. Im Wohnzimmer war alles unverändert – er ging nach wie vor im „ersten Stock".

Kaum konnte ich Gabrieles Rückkehr erwarten! Sie kam und entdeckte die kleinen, grauen Wesen, die am Boden im Wohnzimmer herumwuselten. Charly nahm sie wahr und versuchte, ihnen auszuweichen. Gabriele machte „Huuh!!" und alle Wesen waren weg. Dieses Huuh ist nicht wörtlich zu nehmen, das sagt Gabriele immer im Spaß, bevor sie mit ihrer Arbeit beginnt.

Ich möchte mich auch auf diesem Weg ganz herzlich bei Gabriele für ihre Hilfe, ihre Bemühungen, ihre Anwesenheit in meinem Leben und natürlich für dieses Buch bedanken, das eine Bereicherung für alle Interessierten sein wird, und jedem eine Erweiterung seines Horizontes möglich machen kann.

Ihnen, liebe Leserin/lieber Leser, viel Freude und Verstehen bei der Lektüre dieses Buches! Wenn es Ihnen in die Hände gefallen ist – „zufällig“ gefunden oder geschenkt wurde oder auf andere Weise in Ihre Hände kam: Es gibt einen triftigen Grund dafür! Nehmen Sie es an und profitieren Sie maximal davon!

Graz, 10. September 2001

Wer oder was belästigt uns Menschen?

Dieses Buch ist eine Hilfe für Menschen, die auf der Suche sind.

Im Laufe meiner langjährigen Tätigkeit im Umgang mit Verstorbenen, aber auch mit Wesen, Elfen, Kobolden, positiver und negativer Energie lernte ich immer noch etwas dazu. So gibt es Feuer-, Wasser-, Sumpf-, Baum- und noch andere Wesen. Jedes Wesen muss ganz individuell behandelt werden.

Während meines Studiums der Religions-Philosophie habe ich Teile des Korans gelesen. Darin steht, dass es eine ganze Reihe von Wesen gibt, die in einer Hierarchie angeordnet sind. So werden göttliche Wesen, Menschen und Dschin oder Djin erschaffen. Diese Dschin bevölkern die Unterwelt und die Erdoberfläche, sie besitzen die Fähigkeit, sich in alle nur denkbaren Formen zu verwandeln, und sie können genau wie wir Menschen gut oder böse sein.

Der Buddhismus lehrt, dass alle lebenden Wesen, die Zahl ist unendlich, dem „Übel" unterworfen sind. Das „Übel" heißt Geburt, Krankheit, Schmerz und Tod. Götter, Dämonen, Menschen und Tiere haben alle dieselbe Natur und stellen nur verschiedene Stufen der äußeren Existenz dar.

Wesen sind menschliche oder menschenähnliche Wesen, die dem feinstofflichen Bereich zugeordnet werden.

Da gibt es etwa ein Feuerwesen, auch als Feuerdämon bekannt. Ein sehr gefährliches Wesen. Das Luftwesen soll Stürme und Unwetter bewirken. Wasserwesen kennt man aus der Sage als Nymphen, sie sollen für Schiffskatastrophen verantwortlich sein. Erdwesen oder Erdgeister kennt man unter der Bezeichnung Gnom. Das Wort Gnom wird aus dem griechischen „gnome" = Wissen abgeleitet. Somit sind die Gnome die Wissenden unter den Wesen. Diese Wesen besitzen Kräfte, die wir Menschen uns nicht vorstellen können.

In Märchen liest man, dass vor langer Zeit Kobolde und Elfen zusammen mit den Menschen in Harmonie lebten. Da der Mensch aber keine Zeit für Fantasie hat, glaubt er nicht mehr an die Existenz dieser Gestalten. Doch es gibt sie nach wie vor noch!

In Märchen werden Elfen und Feen als wunderschöne Wesen beschrieben, die auf Waldlichtungen und Wiesen wohnen. So soll ihr Erscheinungsbild mit ihren durchsichtigen Flügeln, ihren glitzernden Haaren und ihren hellen Körpern an den ersten Sonnenstrahl des Morgens erinnern.

Es gibt positive – und negative – Energien, das sind spürbare Energien, die den Menschen beeinflussen können. Positive Energien findet man auf Kraftplätzen, besonders in alten Kirchen, meistens am Altar. Die Naturvölker beachteten diese Energien wesentlich mehr als wir in der heutigen Zeit. Negative Energien im Haus können u.a. Krankheiten auslösen.

Meine Arbeit beginnt mit einem Hilferuf: „Wesen belästigen einen Menschen".

Ich werde angerufen und mache mich auf den Weg. Meistens spüre ich eine negative Energie, die mich an der Haustür empfängt, trotzdem betrete ich das Haus oder die Wohnung. Je nach Stärke der Energie weiß ich schon, was mich erwartet.

Treffe ich im Haus oder Garten ein Wesen, egal wie freundlich oder unfreundlich es mich empfängt, stelle ich mich vor, d. h. ich sage meinen Namen und frage: „Was bist du für ein Wesen und warum belästigst du diese Menschen?" Meistens ist es erst einmal still. Dann aber fragt das Wesen: „Verstehst du mich?" „Ja, ich verstehe alles", und ich frage nochmals: „Was machst du in diesem Haus?" Die Antwort ist immer sehr kurz und bündig: „Das ist mein Haus!" Was dann folgt, ist eine Erklärung meinerseits, dass das Haus nicht dem Wesen gehört. Dieser Dialog zieht sich so lange hin, bis von dem Wesen das Wort „aber" kommt: „Aber die Menschen haben (z. B.) meinen Baum gefällt." Dann beginnt meine eigentliche Arbeit. Ich mache dem Wesen klar, dass es aus dem Haus muss. Meistens gehen wir gemeinsam eine neue Bleibe suchen. Zusätzlich biete ich eine „Wiedergutmachung" an, das kann ein blühender Rosenstock sein, der in der Nähe der neuen Bleibe gepflanzt wird. Ein paar Äpfel werden gerne genommen, aber auch glänzende Münzen sind beliebt.

Wenn ich nun zwischen Wesen und Menschen vermitteln soll, dann löst das bei den betroffenen Wesen keine Begeisterung aus. Eher das Gegenteil tritt ein. Ich erkläre das gerne so: Wenn ich erscheine, ist das so, als ob ich in ein Wespennest stechen würde. Fast jeder hat schon einmal so eine Situation erlebt und ein solches Gefühl gehabt. Am besten man entfernt sich ganz schnell, um nicht „gestochen" zu werden. Da die Wesen schon Stunden vorher spüren, dass ich komme, ist die ganze Sache für alle Beteiligten nicht ganz ungefährlich. Auf gar keinen Fall darf man die Wesen unterschätzen, sie hören, wenn nach Hilfe telefoniert wird und wissen daher über den Zeitplan Bescheid.

Bei einer solchen Aktion muss ich beachten, dass das Wesen meine Gedanken lesen kann. Daher gilt es, rasch zu handeln... Um hilfreich eingreifen zu können, muss ich den Überraschungseffekt nutzen. Überlegt ein Helfer, wie er das Wesen „packen" kann, ist es schon zu spät. Das Wesen hat bereits reagiert und das Spiel beginnt von neuem.

Ganz ungefährlich sind Aktionen dieser Art nicht, denn bei einem solchen Wesen weiß man nie, wo es hingeht, auch weiß man nicht, wo es herkommt. Angst darf man absolut keine haben, sonst ist die ganze Sache hinfällig. Wenn nur ein „Fünkchen" Angst vorhanden ist, dann dominiert das Wesen und wehe dem, der dann in seiner Nähe ist.

Wie alles begonnen hat

Es begann damit, dass mein Mann und ich bei Freunden in eine Wohnung, die in einem Teil einer alten Burg lag, eingeladen waren. Nach dem gemeinsamen Essen zogen sich die Männer in den Rauchsalon zurück und wir Frauen blieben allein. Plötzlich klopfte es laut und deutlich an die Wand. Überrascht schaute ich auf und dachte, die Männer hätten geklopft. Dem war aber nicht so, die Wände waren viel zu dick. Der Kommentar der Gastgeberin: „Das sind unsere Geister, die eine Nachricht überbringen. ‚Keine Angst, es gibt keinen Sterbefall‘, sagen sie, ‚aber es kommt etwas Unangenehmes auf euch beide zu.‘“ Was kam, war unsere Scheidung, und zwar sehr schnell.

Nach meiner Scheidung zog ich mit meinem Sohn in eine andere Stadt. Ich hatte Zeit, mich sehr intensiv mit meinen frühen Fähigkeiten aus der Kindheit zu beschäftigen. So war es zum Beispiel für meine Mutter immer sehr schlimm, wenn sie mit mir durch die Stadt ging, Bekannte begrüßte und ich – das kleine Mädchen – lautstark verkündete: „Die Frau stirbt!“ Und die Frau starb tatsächlich in den nächsten Tagen. Meine Mutter war von solchen Aussagen nicht begeistert und ging solange dagegen an, bis ich mit all diesen Vorhersagen im Alter von zehn bis zwölf Jahren aufhörte.

Die Gabe schien für immer verloren, doch zwei Stunden vor dem Tod meines Vaters war sie wieder da. Es war schrecklich, ich wusste, dass mein Vater sterben würde, konnte es aber niemandem sagen. Wie auch, ich wusste ja nicht, wie und wo er sterben würde. Dann zwei Stunden später kam der Anruf, mein Vater war an einem Herzinfarkt mit fünfundfünfzig Jahren gestorben. Zu Lebzeiten meines Vaters hatte ich ein ganz besonderes, inniges Verhältnis zu ihm. So konnten wir beide uns z.B. telepathisch verständigen. Damals gab es noch kein Handy und wenn mein Vater unterwegs war, dachte ich an ihn und sagte ein paar Mal: „Ruf an – ruf mich an!" Ein paar Minuten später läutete das Telefon. Mein Vater fragte: „Was ist los, warum soll ich mich melden?"

Einen Tag nach dem Tod meines Vaters, ich hatte mich in das Büro unserer Firma zurückgezogen, läutete das Telefon, obwohl es abgestellt war. Mein Vater meldete sich, um mir noch einige sehr wichtige Dinge zu sagen.

Damals, im Jahre 1962, war die Zeit noch nicht reif, über solche Nachtod-Erlebnisse mit anderen zu reden. Hätte man doch angenommen, dass ich mir durch den plötzlichen Tod meines Vaters diesen Anruf nur einbildete.

Verstorbene melden sich

Der frühere Hausbesitzer

Vor ein paar Jahren besuchte mich ein junges Ehepaar aus dem Burgenland. Eine Bachblüten-Therapeutin hatte sie geschickt. Die Frau war sehr ängstlich, weinte und konnte fast nicht reden. So blieb dem Mann nichts anderes übrig, als mir die Geschichte seiner Frau zu berichten.

In einem kleinen Dorf, unterhalb einer sehr alten Burg, hatte das Ehepaar ein altes Haus gekauft und umgebaut. Jahrelang schwieg die Frau, weil sie sich nicht getraute, irgendjemandem zu erzählen, was sich Nacht für Nacht ereignete. Selbst ihrem Mann vertraute sie sich erst später an. Jede Nacht dasselbe schaurige Erlebnis. Zuerst vernahm die Frau schlurfende Schritte in der Diele und dann im Schlafzimmer. Die Frau war jedes Mal ganz starr vor Angst, eine eisige Kälte wanderte von ihren Füßen immer weiter hoch, bis sie den ganzen Körper erfasst hatte. Sie konnte weder ihren Mann wecken noch Licht einschalten. Dann kam die Steigerung der Qualen, eine Hand zog ihr die Decke weg, sie hörte lautes Lachen, das eines Mannes, und dann wieder schlurfende Schritte, die sich entfernten. Nach einer gewissen Zeit spürte die junge Frau ihren Körper wieder und die Starre löste sich langsam. Sie nahm ihre Umgebung wahr, tastete mit der Hand nach der Lampe und schaltete hastig das Licht an. Sie war so erregt, dass sie lauthals zu schreien begann.

So konnte es nicht weitergehen, Nacht für Nacht erlebte die Frau diese Mitleid erweckenden Ereignisse. Das Ehepaar ging zuerst einmal zum Hausarzt, der überwies die beiden zu einem Facharzt, und dieser verschrieb Medikamente. Aber die bewirkten lediglich, dass sich die Frau nur noch mit Müh und Not aufrecht halten konnte. Die Angst, in der Nacht die Schritte des alten verstorbenen Mannes zu hören, blieb.

Eines Tages stand das Ehepaar vor meiner Tür und bat um Hilfe.

Ich fuhr zu den beiden ins Burgenland und wurde dort schon sehnsüchtig erwartet. Im Schlafzimmer setzte ich mich auf das Bett und nahm Kontakt zu dem Verstorbenen auf. Deutlich sah ich das Gesicht und die Figur eines alten Mannes. Was ich dann hörte, verschlug mir erst einmal die Sprache. Eine männliche Stimme meldete sich im Dialekt: „Du damischs Weib, du, wos wülst denn?“ Der Dialog war etwas schwierig zu führen für mich, da ich den Dialekt nicht so gut verstand. Der Mann war der frühere Besitzer des Hauses. Das junge Paar hatte sein Schlafzimmer genau da, wo sich früher das Schlafzimmer des alten Mannes befunden hatte, und so fand der Alte es lustig, die junge Frau zu belästigen. Ich machte nun dem alten Mann klar, dass er tot war und ins Licht gehen sollte. Seine Frage darauf: „Was moanst mit Licht? Moanst den Himmel?“ Ich bejahte. Daraufhin sagte der alte Mann: „Wennst den Himmel moanst, do kum i net hin, des hot da Pfarrer gsagt.“

Es bedurfte einer ganzen Menge an Überredungskunst meinerseits, um dem alten Mann klar zu machen, dass er ins Licht gehen sollte, was dann auch geschah.

Meistens ist es so, dass ich dem Verstorbenen helfe, das Licht zu finden und ihn auf der geistigen Ebene noch ein Stück begleite.

Ein paar Tage später kam ein Anruf der Frau. Alles sei bestens, keiner mehr da. Neugierig geworden wurde eine ältere Nachbarin aus dem Dorf befragt, die den alten Mann noch gekannt hat. Sie sagte, er wäre zeitlebens ein richtiger Hallodri gewesen.

Wieder ein paar Tage später rief mich der Ehemann an, er hatte nun Vertrauen zu mir gefasst und erzählte von seinem Problem. Die Haustür klemmte – ob ich nicht helfen könne. Also fuhr ich nochmals ins Burgenland und schaute mir die Haustür an. Diese war aus Metall, und der Bodenbelag darunter bestand aus Steinfliesen. Es kam öfter vor, dass die Tür klemmte, aber immer ohne Grund. Das Ehepaar hatte sich schon angewöhnt, den Eingang nicht mehr zu benutzen, sondern ging durch den Kelleraufgang. Die Steinfliesen waren schon zweimal herausgenommen worden, was viel Arbeit, Mühe und Schmutz verursachte. Aber nichts half, die Tür klemmte, wann immer sie wollte.

Wie schon berichtet, Negatives zieht Negatives an, und so kamen des Öfteren einige „ungute Gesellen" von der nahe gelegenen Burg herunter und zogen durch das Haus des Ehepaares. Diesen Gesellen verbot ich, durch die Tür ins Haus zu kommen. Kaum fassbar, aber es ist so: Die Tür lässt sich seit dieser Zeit spielend öffnen und schließen.

Die Begeisterung des Ehepaares war so groß, dass sie darüber im Dorf berichteten und ich noch einige Male ins Burgenland fahren musste, um zu helfen.

Drei Männer spielen Skat

Eine Frau wohnte schon sehr lange in einer kleinen Wohnung, fühlte sich auch sehr wohl. Der Nachbar der Frau war vor einem Jahr gestorben, und seine Wohnung stand die ganze Zeit leer. Der

Hausherr machte der Frau ein gutes Angebot, die Nachbarwohnung zu kaufen. Ein Durchbruch durch beide Wohnungen war möglich, und so wurde die Nachbarwohnung dazugekauft. Eine Baufirma wurde beauftragt, den Durchbruch zu machen, was auch ohne Schwierigkeiten gelang. Doch dann fingen die Probleme an, das Bad in der neuen Wohnung sollte renoviert werden. Die alten Teile wurden noch abgeholt und die neuen geliefert, dann tat sich nichts mehr. Die Installationsfirma kam mit immer neuen Ausreden: Der Monteur ist krank, sie kommen nächste Woche. Das zog sich über Monate hin, irgendetwas verzögerte immer wieder die Arbeit. Die Frau bemerkte selbst, dass sie in der neuen Wohnung ein ungutes Gefühl hatte. In der alten Wohnung war alles in Ordnung, nur in der neuen Wohnung blieb die Arbeit liegen. Selbst der Vater der Frau, der zuerst zugesagt hatte, die Fliesen zu legen, wollte einfach nicht beginnen.

Inzwischen war es Sommer geworden, es war ein heißer Tag, als ich die Wohnung betrat. Wie immer bei solchen Fällen, wird erst einmal darüber geredet, wo die Probleme liegen. Wir saßen in der Küche der alten Wohnung, die Fenster standen offen, die Stimmung war gut. Nachdem ich alles gehört hatte, machte ich mich an die Arbeit. Ich ging von der alten Wohnung durch den Durchbruch in die neue Wohnung, aber ich kam nicht weit. Eine unsichtbare Mauer versperrte mir den Weg. Hoppla, was war hier los?

Unsichtbare Wände oder Mauern, die mir den Weg versperren, zeigen an, dass ich unerwünscht bin. Verstorbene, aber auch Wesen können eine Wand aufrichten, um ungestört zu sein. Natürlich können diese Hindernisse auch von anderen sensiblen Menschen aufgespürt werden.

In diesem Fall stolperte die Frau öfter an der Stelle, ohne dass es einen Grund gab, es lag kein Teppich da, auch gab es keine Schwelle oder Stufe. Sogar die Handwerker waren gestolpert und das neue

Waschbecken war zu Bruch gegangen. Ich „kämpfte“ mich durch bis zur Küche, und was sah ich: Am Tisch in der Ecke saßen drei verstorbene Männer und spielten Karten. „Was macht ihr denn hier, ihr seid doch tot?“, fragte ich. „Nein“, kam die Antwort eines der Verstorbenen, „ich wohne hier und meine Freunde kommen immer zum Skatspielen.“ Die Freunde waren aus der Nachbarschaft und wie mir die Frau bestätigte, auch schon lange tot.

In der Küche war es seit Jahren ruhig, die Verstorbenen wurden nicht gestört, bis... ja, bis die Frau anfing, die Wohnung zu renovieren. Das passte den Spielern überhaupt nicht, sie hatten nicht nur eine Sperre aufgestellt, nein, sie sabotierten auch noch die Renovierung. Ich machte mich an die Arbeit und stellte dazu in der Mitte des Tisches drei Kerzen auf. Das half den Verstorbenen, ins Licht zu finden.

Wenn ich Verstorbenen ins Licht helfe, warte ich immer eine Zeit lang, spreche meistens ein Gebet und stelle ein oder mehrere Kerzen auf. Etwas später, wenn ich das Gefühl habe, dass die Verstorbenen im Licht sind, frage ich ganz leise, ob noch jemand da ist. Leise deshalb, weil ich ja nicht möchte, dass ein Verstorbener zurückkommt.

Bereits nach wenigen Tagen hatte der Vater die Fliesen gelegt und die Installationsfirma die begonnene Arbeit beendet. Seit damals sind schon einige Jahre vergangen, die Frau lebt sehr glücklich, inzwischen mit einem Partner, in dieser Wohnung.

Die meisten Menschen, denen ich geholfen habe, rufen immer wieder an und berichten, dass es ihnen jetzt gut geht. Natürlich empfehlen sie mich weiter. Ich staune öfter, wie Menschen in Not zu mir finden bzw. meine Telefonnummer bekommen. Ich stehe zwar im Telefonbuch, aber nicht als „Ghostbuster“, wie mich mein Sohn scherzhaft nennt.

Ein Urteil „verhindert“ den Weg ins Licht

In diesem Fall wurde ich in eine Wohnung gerufen, in der es „spukte“. Gleich beim Betreten dieser Wohnung spürte ich, dass sich hier ein Verstorbener befand. Im Wohnzimmer, hinter dem schönen Kachelofen, wurde ich fündig. Wie ein Häufchen Elend saß da ein Mann und wollte nicht so recht reden. Auf meine Frage, warum er nicht ins Licht gehe, bekam ich zur Antwort: „Da darf ich nicht hin.“ Ich hatte ja schon viel von Verstorbenen gehört, aber dass einer nicht ins Licht durfte, war mir neu. So setzte ich mich auf einen Stuhl, direkt beim Kachelofen, und stellte die berühmten Fragen: Warum, wieso, weshalb? Nach einigem Zögern bekam ich die Antwort: Der Verstorbene war als Offizier im Zweiten Weltkrieg im früheren Jugoslawien eingesetzt. Kurz vor Kriegsende hatten seine Kameraden noch ein paar Partisanen gefangen. Er, der Verstorbene, musste als Offizier ein Urteil fällen, und das lautete: „Erschießen des Feindes.“ So geschah es auch, die Partisanen wurden erschossen. Die Jahre nach dem Krieg, auch später noch, machte sich der Mann Vorwürfe, den Befehl zum Erschießen gegeben zu haben. Es wäre auch möglich gewesen, die Männer in ein Kriegsgefangenenlager zu bringen, nur, er hatte es nicht getan. Jetzt „saß“ er seit Jahren als Verstorbener hinter dem Ofen und hatte zu große Angst, ins Licht zu gehen. Er war davon überzeugt, dass die Partisanen alle am Eingang zum Licht auf ihn warten und ihn zur Rechenschaft ziehen würden.

Meine Arbeit bestand in diesem Fall darin, dem Verstorbenen klar zu machen, dass dem nicht so sei. Gemeinsam sprachen wir ein Gebet und ich blieb noch eine ganze Weile vor dem Ofen sitzen, bis ich nichts mehr von ihm spürte.

Die Frau, der die Wohnung gehörte, war eine pensionierte Lehrerin und wollte das, was ich ihr über den Verstorbenen erzählt hatte, ganz genau wissen. Sie stellte daher Nachforschungen an. Der frühere Besitzer der Wohnung war ein allein lebender Mann gewesen, der im Krieg Offizier gewesen war und an der Grenze zwischen Österreich und Jugoslawien zum Einsatz kam.

Tochter wurde enterbt

Was es so alles gibt, erlebte ich, als ich in ein sehr schön gelegenes Haus an einem Berg gerufen wurde. Hier stimmte einiges nicht, angefangen von Krankheiten der Eltern bis zu Problemen der Tochter. Wie immer, wenn ich ein Haus oder eine Wohnung besichtige, gehe ich ganz langsam von Raum zu Raum, achte auf alles, auf Energien, Wesen oder Verstorbene. Zuerst verspürte ich starke negative Energien im Schlafzimmer der Eltern, direkt unter dem Kopfteil der Betten. Auch im Wohnzimmer und im Zimmer der Tochter war etwas davon zu spüren, nur die Küche war frei davon.

Das Ehepaar hatte einen kleinen Hund, und dieser kuschelte sich voller Zuneigung ganz eng an mich und setzte sich auch zu mir auf die Couch. Mich interessierte nur, woher kam die negative Energie? Wie immer versetzte ich mich in den Alpha-Zustand und fragte, wer hier noch anwesend sei. Dieses Mal dauerte es lange, bis sich sehr zögernd eine Frau meldete. Als nun Kontakt bestand zwischen ihr und mir, erzählte sie ihre Geschichte: Hier oben war früher ganz in der Nähe ein großer Bauernhof mit viel Land gewesen. Wie es damals üblich war, wurden der Hof und das Land nach dem Tod der Eltern unter den Kindern aufgeteilt. Eine Tochter war in die Stadt gezogen und führte nach Ansicht der Geschwister keinen guten Lebenswandel. Sie war nicht verheiratet und hatte ein uneheliches Kind.

Vor ihrem Tod hatten die Bauersleute den Hof und die Wiesen genau aufgeteilt und schriftlich alles festgehalten, also wer was bekommen sollte. Nennen wir die Frau, die mit ihrem Kind in der Stadt wohnte, Resi. Natürlich ging Resi leer aus, d. h. sie bekam keinen Wiesengrund. Einsam und verbittert starb sie in der Stadt. Die Zeit verging und der Bauernhof einschließlich der Wiesen wurde verkauft. Auf einer dieser Wiesen baute die Familie, die mich gerufen hatte, ihr Haus. Ich glaube, liebe Leser, Sie wissen schon, was da los war. Ja, es war der Wiesengrund, der eigentlich Resi zustand, und nach ihrem Tod blieb sie hier, obwohl eine fremde Familie ein Haus darauf baute. Was blieb mir anderes übrig, als Resi klar zu machen, dass sie tot war und ins Licht gehen sollte. Außerdem war es das Haus fremder Menschen, und da hatte sie absolut nichts verloren. Nachdem ich ihr das ausgiebig erklärt hatte, sprach ich mit ihr noch ein Gebet und wartete, bis sie den Weg zum Licht gefunden hatte.

Durch kräftiges Lüften der Räume und Aufhängen von Ankh-Kreuzen wurde die negative Energie sehr schnell in positive umgewandelt. Es geht den Eltern nun gesundheitlich wesentlich besser und auch die Probleme der Tochter lösten sich auf.

Was sind Ankh-Kreuze?

Es ist nun an der Zeit, über ***Ankh-Kreuze*** *zu sprechen, die mir eine große Hilfe sind. Die Ankh-Kreuze sind so alt wie die ägyptischen Pyramiden. Das Leben jedes Wesens in Ägypten, ob göttlich oder sterblich, hing von dem Besitz des Ankh-Kreuzes ab. An Wänden und an Säulen, überall finden sich so genannte Henkel- oder Lebenskreuze. Es heißt, es sei das Zeichen der Isis, die die Herzen verbindet, ein Symbol für Energie und Lebenskraft, und, was sehr wichtig ist, es besitzt Schutzkräfte. Die in Lebensgröße in Ägypten dargestellten Götter fallen dadurch besonders auf, dass sie meistens in der rechten Hand ein Ankh-Kreuz halten. Dieses Kreuz ist das Symbol des ewigen Lebens, der Schlüssel zur Erkenntnis der Geheimnisse und* *der verborgenen Weisheit. Wer diesen Schlüssel besitzt, dem öffnen sich Tore und Türen zu einem gesegneten Leben. Wissenschaftlern ist aufgefallen, dass in Tempelräumen, in denen es besonders viele Ankh-Kreuze gibt, eine sehr angenehme Atmosphäre herrscht.*

Messungen der Plus/Minus-Ionen-Verteilung der Luft in diesen Räumen zeigt ein Verhältnis von vier Minus-Ionen zu einem Plus-Ion, das gleiche Verhältnis herrscht in gesunder Waldluft, im Hochgebirge oder an einem See. Weiter haben die Messungen ergeben, dass aufgehängte Ankh-Kreuze in einem Raum eine energetische Vital-Strahlung erzeugen und Menschen diese Energie „auftanken". Ankh-Kreuze aus dem richtigen Material, in richtiger Größe und in richtiger Anzahl in einem Raum aufgehängt, bewirken eine derartig positive Energie, dass sich Wesen und Verstorbene nicht wohl fühlen und den Ort verlassen.

Ich arbeite seit über zehn Jahren mit diesen Kreuzen und habe immer wieder festgestellt, dass besonders Wesen, also Natur-, Feuer- oder Baumwesen, in dieser feinstofflichen, minuspoligen Strahlung nicht existieren, sich dagegen in einem leicht plusartigen Raumklima richtig „wohl fühlen".

Noch vor gar nicht so langer Zeit konnte man Ankh-Kreuze in Deutschland, Österreich und der Schweiz nicht kaufen, nur in den Ländern jenseits des Mittelmeers, besonders in Basaren, gab es sie. Inzwischen kennt man sie aus speziellen esoterischen Geschäften und Buchhandlungen.

Ich war ganz überrascht, als ich vor kurzem eine Ausstellung über Ägypten besuchte und dort die Kreuze zum Kauf angeboten wurden. Ich kann nur jedem empfehlen, sich wenigstens ein Ankh-Kreuz über die Eingangstür zu hängen. Besser ist, ein kleines Kreuz als Energie- und Schutzsymbol am Hals zu tragen.

Bruder begeht Selbstmord

Bei diesem Fall rief mich eine Frau an und sagte, ich sollte doch einmal in ihre Wohnung kommen, wir würden dann Näheres bereden. Da der Weg zu ihrer Wohnung schwierig zu finden war, machten wir einen bestimmten Zeit- und Treffpunkt aus. Wir wollten uns noch am selben Abend auf einem Kundenparkplatz einer Supermarkt-Kette treffen.

Als ich dann losfuhr, war ich schon etwas spät dran. Bei meiner Ankunft auf dem Parkplatz war niemand mehr da. Ich wartete noch etwas und fuhr dann wieder nach Hause. Nicht einmal eine Telefonnummer hatte ich mir geben lassen, das kam sonst nicht vor.

Kaum war ich wieder daheim, läutete das Telefon und die Frau fragte, warum ich nicht gekommen wäre. Erst jetzt stellte sich heraus, dass ich an einem anderen Parkplatz gewesen war. Inzwischen war es nach 22 Uhr und ich hatte wenig Lust, nochmals loszufahren. Aber irgendetwas an der Stimme der Frau sagte mir, dass ich dahin musste, ob ich wollte oder nicht.

Also setzte ich mich wieder in mein Auto und fuhr nun zum richtigen Parkplatz. Wir trafen uns dann endlich und fuhren gemeinsam in ihr Haus. Dort wartete schon eine Freundin auf uns. Wir setzten uns gemütlich in das Wohnzimmer und die Frau begann, ihre Bitte vorzutragen. Ihr Bruder war vor Jahren verstorben und sie hatte noch immer das Gefühl, dass er hier sei. Die Frau wollte, dass ich unbedingt an diesem Abend kam, es war der Geburtstag des Bruders. Wie und woran der Bruder gestorben war, sagte sie nicht. Das war auch in diesem Moment nicht wichtig.

Ich versetzte mich wieder in den Alphazustand und fragte, ob der Bruder noch anwesend sei. Ja, er war noch da, und ich bat ihn um ein Erkennungszeichen, damit die Schwester auch wusste, dass es wirklich ihr Bruder war. Daraufhin bekam ich ein Bild übermittelt: Ich sah einen Mann im Fond seines Autos sitzen, das vor einem

Haus stand. Er beugte sich vor und nahm etwas aus dem Handschuhfach. Was das war, konnte ich nicht erkennen. Ich spürte nur, dass der Mann sehr traurig war. Die beiden Frauen fingen an zu weinen, als ich ihnen schilderte, was ich sah. Der Bruder hatte vor seinem Haus, im Auto sitzend Selbstmord begangen, und zwar mit einer Pistole, die im Handschuhfach gelegen hatte. Da die beiden Geschwister zu Lebzeiten eine sehr enge Bindung hatten, wollte der Bruder nach seinem Selbstmord der Schwester noch einiges mitteilen, was er dann auch durch mich tat.

Ich habe nicht nur die Fähigkeit, Kontakt zu Verstorbenen aufzunehmen, sondern ich kann auch für eine kurze Zeit eine Energieverbindung zwischen Verstorbenen und Lebenden herstellen. In dieser kurzen Zeit hat der Lebende die Möglichkeit, sich mental zu verabschieden. Es ist immer wieder ein einmaliges Erlebnis, wenn man bei einer solchen Zeremonie dabei sein kann. Zuerst ist die Energie sehr stark, dann wird sie allmählich immer schwächer, bis sie ganz erlischt.

Wir zündeten anschließend einige Kerzen an und die Schwester spielte die Lieblingsmusik ihres Bruders. Danach saßen wir noch zusammen und unterhielten uns ausführlich über diese Verabschiedung.

Plötzlich spürte ich, dass noch jemand anwesend sein musste. Etwas irritiert fragte ich, wer denn noch da sei? Eine Frau war da und bat darum, dass sie sich auch noch verabschieden dürfte von ihrer Tochter. Bei ihrem Sterben wäre die Tochter nicht anwesend gewesen, und so wollte es die Mutter nachholen. Diese Frau war die Mutter der Freundin, die bei uns saß, und die alles miterlebt hatte. Die Mutter erzählte ihrer Tochter noch ein paar wichtige Dinge, und dann gab es nochmals eine wunderbare Verabschiedung.

Verstorbene im Kinderzimmer

Von Bekannten wurde ich angerufen, doch einmal vorbeizukommen, weil ihre beiden kleinen Enkelkinder nicht im Kinderzimmer schlafen und spielen wollten. Das Haus war schon etwas älter. Als der Sohn geheiratet hatte, war für seine Familie der obere Stock ausgebaut worden.

Die beiden Buben waren unten bei der Großmutter und so konnte ich mir die Wohnung in Ruhe genau ansehen. Die Mutter der Kinder berichtete mir, dass die Jungen in ihren Betten nicht durchschlafen würden, sondern mitten in der Nacht in das Bett der Eltern kämen.

Meistens habe ich bei meinen Besuchen auch ein Gerät dabei, um den Elektrosmog zu messen. Im Kinderzimmer zeigte mir das Gerät an, dass starker Elektrosmog da war, besonders an der Stelle, wo die beiden Betten standen. Da auch der Ehemann anwesend war, fanden wir schnell die Ursache: Direkt über dem Dach verlief die Stromleitung.

Das Kinderzimmer war sehr groß und es bestand daher die Möglichkeit, die Kinderbetten aus dem Bereich des Elektrosmogs auf die andere Seite zu schieben. Was mich jetzt noch störte, war eine negative Energie. Ich setzte mich auf eines der Betten, versetzte mich in einen Alphazustand und stellte die übliche Frage: Wer ist da? Ja, da waren doch wirklich noch ein paar Verstorbene da, die sich in diesem Haus, meistens im Kinderzimmer, aufhielten. Da war noch der Erbauer des Hauses mit Frau und Bruder. Auf meine Frage, warum sie nicht ins Licht gingen, bekam ich die Antwort, sie kümmerten sich noch um das Haus. Was tat ich? Ich machte den Verstorbenen klar, dass jetzt andere sich sehr gut um das Haus kümmern würden und sie ins Licht gehen könnten. Wie immer zündeten wir anschließend Kerzen an und sprachen gemeinsam ein Gebet.

Am nächsten Tag rief mich die Frau an und bedankte sich überschwänglich für meine Arbeit. Es wäre seit langem die erste Nacht gewesen, wo die Kinder in ihren Betten durchgeschlafen hätten. Natürlich musste auch hier viel gelüftet werden und einige Wochen lang hingen die Ankh-Kreuze an den Wänden.

Eltern verunglückten mit dem Motorrad

Dieser Fall war besonders tragisch, denn die Eltern von zwei kleinen Kindern verunglückten tödlich mit dem Motorrad. Die Kinder wurden nun von Onkel und Tante, Geschwistern der Verstorbenen, betreut.

Zuerst glaubte man den Kindern nicht, aber der ältere Junge erzählte immer wieder, dass er seine Mutter im Garten gesehen hätte.

Als ich das erste Mal zu Besuch kam, saßen die ganzen Verwandten, also Eltern und Geschwister der beiden Verunglückten, da. Alle waren sehr gespannt, aber keiner sprach ein Wort und sehr viel Skepsis war zu spüren. Ein Bruder hatte eine lange Liste mit vielen Fragen, die ich den beiden Verstorbenen stellen sollte, es ging um ganz persönliche Dinge der Kinder. Ich versetzte mich in den Alpha-Zustand und wartete darauf, dass sich die beiden Verstorbenen oder wenigstens einer der Verstorbenen melden würde. Nichts geschah. Dann bat ich um ein Bild. Das bekam ich auch und sah beide Verstorbenen auf einer Schaukel im Garten sitzen und zufrieden lächeln. Trotz meiner mehrmaligen Bitte, doch einige wichtige Fragen zu beantworten, blieben die beiden stumm. Immer wieder verlangte ich nach anderen Bildern oder einem Zeichen, nichts geschah. Es blieb die ganze Zeit das Bild mit der Schaukel und der zufriedene Gesichtsausdruck.

Da konnte ich nichts weiter unternehmen. Wenn die Verstorbenen nicht wollen, dann hilft alles Bitten nichts. Ich verabschiedete mich daraufhin, denn inzwischen war es fast Mitternacht geworden, und ich musste noch weit nach Hause fahren.

Ich grübelte hin und her, während ich mit etwa 140 km/h auf der Autobahn unterwegs war. Plötzlich hatte ich das Gefühl, es setze sich jemand auf meinen Schoß. Ganz deutlich spürte ich den Druck auf den Oberschenkeln. Schnell öffnete ich mit der linken Hand das Fenster und rief ganz laut: Raus! Raus! Raus! Sofort verschwand der Druck auf meinen Beinen und das Wesen, das ich im Auto mitgenommen hatte, war verschwunden. Wie das Wesen in mein Auto gelangt war und warum, weiß ich nicht. Ich habe nie danach gefragt.

Nur gut, dass ich nicht schreckhaft bin. Bei dieser Geschwindigkeit wäre es gut möglich gewesen, das Steuer aus Versehen herumzureißen, und das Auto wäre von der Straße abgekommen.

Noch ein Selbstmörder

Eine Familie lud mich eines Tages zu sich in ihr schönes, altes Bauernhaus ein. Es war ein kleineres, aber sehr schön eingerichtetes Haus, das die Familie als Wochenenddomizil nutzen wollte. Mit viel Liebe und sehr viel Geschmack war es eingerichtet worden, doch leider, niemand aus der Familie fuhr gerne dorthin, noch weniger wollte man dort übernachten. Das Haus lag auf einer Anhöhe, direkt am Waldrand, mit sehr schönem Blick in die Umgebung.

Als ich ankam, setzten wir uns alle gemeinsam an den Kaffeetisch im Garten und ich bekam die Geschichte des Hauses erzählt. In dem alten Bauernhaus hatte vorher ein allein stehender Mann gewohnt, der sich erschossen hatte. Jahrelang stand daraufhin das Haus leer, bis die Familie es kaufte und renovierte.

Dass der alte Mann noch „anwesend“ sein könnte, glaubte niemand, denn man hatte keinerlei Geräusche oder sonst etwas gehört. Nur, so richtig unheimlich war es der Familie am Abend. Nach dem Kaffee machten wir einen Rundgang über das Grundstück. Es gab noch einen Stall, allerdings jetzt ohne Tiere. Der Stall und das Grundstück waren in Ordnung, also gingen wir ins Haus. Dort erwartete mich eine sehr unangenehme Schwingung.

Da ich ja die Geschichte von dem Vorbesitzer kannte, fragte ich sogleich im Alphazustand nach dem verstorbenen Mann. Kaum hatte ich seinen Namen gerufen, meldete er sich sofort. Auf meine Frage, warum er nicht ins Licht gehe, er sei doch tot, bekam ich zur Antwort, er wäre nicht tot. „Doch, sagte ich, „du hast dich doch mit dem Schussapparat umgebracht.“

Darauf erwiderte er: „Ich hab’s zwar versucht, aber es hat nicht funktioniert. Schau“, sagte er weiter, „ich wohne im Haus und gehe im Dorf spazieren.“

„Nun“, sagte ich, „wenn du mir nicht glaubst, dann gehen wir beide auf den Friedhof und ich zeige dir dein Grab.“ Daraufhin war lange Ruhe. Endlich sprach er wieder: „Es hat also geklappt mit dem Schussapparat?“ „Ja“, sagte ich, „du bist tot.“ „Jetzt weiß ich auch, warum mich die anderen Leute aus dem Dorf nicht mehr grüßen, ich bin wirklich tot.“ Auf meine nächste Frage, was ich für ihn tun könne, kam die übliche Antwort: „Bitte hilf mir weiter!“ Ich erklärte ihm nun, warum er ins Licht gehen sollte, und blieb so lange sitzen, bis ich sicher war, dass er sein Ziel erreicht hatte.

Das Bauernhaus wurde von nun an regelmäßig von der Familie genutzt. Wochenenden und auch längere Urlaube verbrachte die Familie jetzt ganz glücklich in dem Haus. Ich selbst war noch ein paar Mal eingeladen und fühlte mich dort auch sehr wohl.

Eine Frau verliebt sich in einen Unbekannten

In diesem Fall wurde ich in ein Haus gerufen, in dem angeblich noch der frühere Besitzer „spuken“ sollte. Das Haus lag in einer guten Gegend, umgeben von einem schönen Garten. Die neuen Besitzer des Hauses kamen aus Rumänien, daher waren sie mit Geistern und Gespensterwesen doch mehr vertraut, als es die Menschen sonst hier sind.

Als ich das Haus betrat, spürte ich sofort, dass da jemand war. Doch wie immer machte ich erst einmal einen Rundgang durchs Haus und durch den Garten, um mir ein Bild zu machen. Nach der Besichtigung setzten wir uns ins Wohnzimmer. Inzwischen war auch der Ehemann gekommen. Die Frau erzählte ihre Geschichte: Sie hatten das Haus vor ungefähr zwei Jahren gekauft, nachdem der vorige Besitzer gestorben war. Über ein Jahr lang war den neuen Besitzern jedoch nichts aufgefallen, auch gespürt hatten sie nichts. Die Frau kümmerte sich um ihre kleinen Kinder und um das Haus, der Mann übernahm die Gartenarbeit.

So allmählich stellte sich bei der Frau das Gefühl ein, dass hier noch jemand sei und im Haus herumlaufe. Manchmal spürte sie auch einen Hauch, wie ein angenehmes Streicheln, und sie sprach ganz offen mit ihrem Mann darüber. Es war beiden klar, dass es nur ein Verstorbener sein konnte. Sie vermuteten auch, dass es der frühere Besitzer war, aber wie man zu ihm Kontakt aufnehmen konnte, wussten beide nicht.

Eine Frau, der ich auch in ihrer Wohnung geholfen hatte, gab den beiden meine Telefonnummer, und nun war ich da. Wie üblich, versetzte ich mich in den Alphazustand und war sehr überrascht, als sich sofort ein Mann meldete. Mir war klar, dass das doch nur der frühere Besitzer sein konnte, der in diesem Haus gelebt hatte und dort auch gestorben war. So fragte ich dann auch: „Bist du der frühere Besitzer des Hauses?" Doch was bekam ich zur Antwort? – Ein lautes und kräftiges „Nein". Wer war dann der Mann? Es war auf jeden Fall nicht der frühere Hausbesitzer, das war klar, aber wer war er? Ich musste es unbedingt herausbekommen, und so stellte ich die Frage: „Wer bist du?"

Ich hatte eigentlich mit einer schnellen Antwort gerechnet und war ganz überrascht, dass er sich nicht meldete. Alle, die anwesend waren, hörten Schritte, die hin und her gingen, aber nicht in diesem Zimmer, sondern im darüber liegenden Stockwerk. „Gibt es da oben noch einen benutzten Raum?", fragte ich. „Ja", sagte die Frau, „oben haben wir so eine Art Rumpelkammer."

„Gut, dann gehen wir nach oben", sagte ich und sofort erklang wieder das laute „Nein".

Mir wurde klar, der Verstorbene wollte nicht, dass wir in dieses Zimmer gingen, aber warum nur? Mich kann so ein Befehl nicht abschrecken, aber ich wollte auch nicht, dass den Besitzern ein Unheil geschah. Allein wollte ich mich nicht nach oben bemühen und so wandte ich mich nochmals an den Verstorbenen: „Dürfen die Frau und ich nach oben in das Zimmer gehen?", und siehe da, es wurde uns gestattet.

Wir stiegen die Treppen empor, die Frau entschuldigte sich noch, dass in dem Zimmer eine größere Unordnung herrsche, und dann machte sie die Tür auf. Ich sah eine Menge an Kisten und Kartons, ein paar Möbelstücke, alte Zeitungen und viel altes Kinderspielzeug. Ich brauchte etwas Zeit, bis ich alles gesehen hatte, konnte aber nichts Ungewöhnliches finden. So stand ich ein paar Minuten, bis mein Blick auf ein Bild fiel, eine gerahmte Fotografie, und davor standen in einer Vase ein paar frische Blumen. Das war für mich etwas Neues, das hatte ich bisher noch nicht gesehen, ein Bild mit Blumen davor auf dem Dachboden.

Ich bückte mich zu der Fotografie, hob sie hoch und sah sie an. Es war ein junger Soldat darauf abgebildet, ein sehr gut aussehender sogar. „Wer ist der junge Mann auf dem Foto?“, fragte ich die Frau. „Das weiß ich nicht“, antwortete sie, „ich fand dieses Foto hier im Zimmer bei den alten Sachen vom Vorbesitzer.“ Dann erzählte die Frau weiter: „Das Foto zog mich in seinen Bann, immer und immer wieder schaute ich das Bild an. Jeden Tag gehe ich rauf, bringe ihm frische Blumen und spreche mit ihm. Was soll ich machen, ich habe mich in diesen Mann, besser gesagt, in sein Bild verliebt.“

Langsam wurde mir einiges klar, doch noch immer wussten wir nicht, wer der Mann auf dem Foto war. Ich stellte nochmals die Frage: „Wer bist du?“ Sofort kam die Antwort: „Meinem Vater gehörte das Haus, mein Name ist Franz und ich bin im Krieg gefallen.“ „Warum bist du hier und was willst du hier?“, fragte ich. Seine Antwort: „Mein Vater kommt öfter vorbei und schaut, ob der Garten auch in Ordnung ist, denn das war für ihn in seinem Leben sehr wichtig. Ich kam auch mit, fand die Frau vor meinem Bild sitzend und mich betrachtend. Sie sprach mit mir, wie mit einem geliebten Menschen. Das hat mir gut getan und ich blieb hier im Haus. Jeden Tag brachte sie mir frische Blumen aus dem Garten und sprach über ihre Probleme, aber auch über Gefühle, die sie für mich empfindet.“

Nun wusste ich Bescheid und konnte mit der eigentlichen Arbeit, ihm den Weg ins Licht zu zeigen, beginnen. Nicht nur der Sohn, sondern auch der Vater gingen dann gemeinsam ins Licht.

Es war das erste Mal, dass ich so etwas erlebte: Eine Frau verliebt sich in das Bild eines fremden Mannes, der vor vielen Jahren bereits gestorben war. Der Verstorbene reagierte sehr menschlich, er fühlte die Zuneigung der Frau und blieb ihr sozusagen treu.

Verstorbene Großmutter meldet sich

Eine Geschichte, wie sie sehr oft vorkommt: Ein Mensch stirbt und kann oder will nicht gehen, weil alles unverändert ist wie zu seinen Lebzeiten.

Wie so oft, so auch hier, blieb das Zimmer nach dem Tod der Großmutter unverändert. Die Gardinen waren zugezogen, die Fenster fest verschlossen und im Kleiderschrank waren genau wie zu Lebzeiten der Großmutter all ihre Kleider, Mäntel und Wäsche verstaut. Dieser Fall ist mir deshalb so in Erinnerung geblieben, weil das Haus, in das ich gerufen wurde, ein architektonisch sehr interessanter Bau war.

Die Bewohner des Hauses hatten mich gerufen, weil sich die Tür zu Großmutters Zimmer sehr schlecht öffnen ließ, was früher nie der Fall war. Ich selbst versuchte die Tür zu öffnen und musste richtig fest schieben, um sie aufzubekommen. Dabei hatte ich das Gefühl, als ob ich etwas Großes wegschieben müsste. Im Zimmer war eine sehr abgestandene, stickige Luft, und die Schwingung im Raum war sehr niedrig. Wir zogen erst einmal die Gardinen zurück und öffneten die Fenster weit. Dann setzte ich mich auf das Bett und stellte die übliche Frage: „Ist die Oma Renate", so wurde sie von der Familie gerufen, „noch da?" Ich musste meine Frage ein paar Mal stellen. Endlich bekam ich Antwort, ja, die Oma war noch da. Meine nächste Frage war: „Warum gehst du nicht ins Licht?" Antwort der Oma: „Warum sollte ich gehen, das ist doch mein Zimmer, meine Kleider sind hier und ich bin bei meiner Familie." Auch hier erzählte ich der Großmutter, dass sie nach dem Tod ins Licht gehen solle, denn dort würde sie schon erwartet werden. Sie wollte nicht so recht gehen und ich fragte warum. „Da wäre noch einiges zu klären", meinte sie, „der Schmuck ist noch nicht aufgeteilt und da wäre auch noch ein Sparbuch für die Familie." Die Tochter der Verstorbenen holte einen Zettel und einen Kuli und ich diktierte ihr die letzten Wünsche der Großmutter. Dann zündeten wir gemeinsam ein paar Kerzen an, sprachen ein Gebet und verließen den Raum.

Was ich nicht wissen konnte, war das Vorhandensein des Schmucks und des Sparbuches. Selbst die Familie hatte keine Ahnung, weder von diesem Schmuck noch vom Sparbuch.

Nach dem Tod der Großmutter hatte die Familie Schmuck im Nachttisch, und zwar in der Schublade gefunden; niemand wusste aber, dass im Schrank noch mehr versteckt war. Und über das Sparbuch freuten sich alle in der Familie, besonders die Kinder.

Schuldgefühle nach dem Tod des Geliebten

Ich erinnere mich noch sehr gut an diesen tragischen Fall, weil die junge Frau jahrelang unter Schuldgefühlen litt. Es begann vor einiger Zeit. Sie war damals erst siebzehn Jahre und hatte einen sehr netten Jungen kennen gelernt, dessen große Leidenschaft Motorräder waren. Sie verliebte sich Hals über Kopf in ihn und zog sehr bald in seine Wohnung. Das Einzige was die Beziehung störte, war seine unbegründete Eifersucht. Es verging kein Tag, ohne dass die beiden Streit hatten. Denn inzwischen hatte die junge Frau auch den Motorradführerschein gemacht und fuhr auch öfter allein weg.

Das alles erzählte sie mir, weil sie das Gefühl nicht los wurde, ihr inzwischen verstorbener Freund wäre noch hier. Ich wollte nun alles genau wissen, um helfen zu können, und so bat ich sie, mir die ganze Tragödie zu erzählen.

Es begann wieder einmal mit einem großen Streit. Der Freund warf ihr vor, dass sie viel zu oft mit anderen auf dem Motorrad ausfuhr.

Die beiden stritten schrecklich, der Streit wurde immer heftiger und dann schrie ihr Freund: „Sollte ich tödlich verunglücken, dann wünsche ich, dass du niemals mehr im Leben mit einem anderen Mann glücklich wirst." Nach diesem Fluch setzte er sich auf sein Motorrad und fuhr davon. Die junge Frau spürte instinktiv die Gefahr, in der sich ihr junger Freund befand. Sie wusste aber nicht, wie sie ihm helfen konnte, noch wusste sie, wo er hingefahren war. Trotzdem zog sie ihren Lederanzug an, setzte den Helm auf und fuhr mit ihrer Maschine in Richtung der Übungsstrecke, wo sie ihn vermutete. Dort angekommen, sah sie ihren Freund oben am Start stehen und winkte mit der Hand, dass er warten solle.

Er wartete auch, bis sie näher kam, er war auch gar nicht mehr böse auf sie, ganz im Gegenteil, er lachte und freute sich, dass sie auch gekommen war. Doch die Szene zu Hause konnte sie nicht vergessen und bat ihren Freund: „Komm, fahren wir beide wieder zurück." „Machen wir", sagte er, „nur möchte ich gerne noch einmal die Strecke abfahren, dann fahren wir heim." „Tu es nicht", rief sie ihm noch nach, doch zu spät, er fuhr schon davon. Es kam, wie es die junge Frau vorausgeahnt hatte, ihr Freund verunglückte tödlich.

Da saß ich nun mit der jungen Frau zusammen, inzwischen waren Jahre vergangen, doch noch immer litt sie ganz schrecklich unter diesem Unfall. In all den Jahren nach dem Unfall hatte die junge Frau öfter versucht, wieder eine Partnerschaft zu beginnen, doch es gelang ihr nicht. Wie ein Damoklesschwert hing der Fluch über ihr. Wenn sie mit einem Mann zusammen war, besonders in der Nacht, hörte sie immer die Stimme des Verstorbenen, der sagte: „Du wirst niemals mit einem anderen Mann glücklich werden." Selbst als sie vor sechs Jahren von einem Mann ein Kind bekam, konnte sie sich nicht überwinden und heiraten. So blieb sie in all den Jahren allein.

Vor ein paar Monaten hatte die Frau einen sehr netten Mann kennen gelernt, der sie heiraten und der auch ein fürsorglicher Vater sein wollte. Nur, sie getraute sich nicht, mit dem Mann eine Bindung einzugehen, der Fluch lastete immer noch zu sehr auf ihr. So wandte sie sich an mich.

„Was kann ich für Sie tun?“, fragte ich die Frau. „Helfen Sie mir, reden Sie mit meinem verstorbenen Freund, dass er endlich aufhört, mich zu verfolgen.“

Natürlich wollte ich helfen. Ich versetzte mich in Trance und nahm Kontakt mit dem Verstorbenen auf. Erwartet hatte ich nach der Erzählung der Frau einen wütenden Mann, doch dem war nicht so. Der Verstorbene hatte schon so oft versucht, seiner Freundin zu erklären, dass alles in Ordnung sei und er es gut finde, wenn sie eine neue Partnerschaft eingehe. Die junge Frau hatte zwar immer gespürt, dass ihr verstorbener Freund in der Nähe war, dachte aber immer, er wolle ihr Schaden zufügen.

Inzwischen war auch der neue Freund gekommen, der alles über den Fluch wusste und die Situation auch die ganze Zeit akzeptiert hatte. Wir beschlossen, eine kleine Feier zu machen. Wir besorgten Blumen, Kerzen, eine schöne Torte, und bei dieser Feier verabschiedete sich die Frau von dem Verstorbenen. Ich stellte zwischen den beiden einen Kontakt her. Für einige Minuten entstand eine Verbindung zwischen den beiden und das Gefühl einer Umarmung. Dann wurde die Energie immer schwächer und schwächer, bis sie ganz verging. Der Verstorbene war in das Licht gegangen.

Verstecktes Testament gefunden

Auch so etwas kommt vor: dass Verstorbene sich noch um das Wohl der Hinterbliebenen kümmern.

In diesem Fall wurde ich von einer Frau gerufen, deren Mann vor einigen Wochen gestorben war. Sie hörte in der Nacht immer Schritte und hatte das Gefühl, ihr Mann sitze noch am Schreibtisch, an dem er zu Lebzeiten so gerne gearbeitet hatte. Die Frau hatte mich zu sich gerufen, weil sie bisher das Testament nicht gefunden hatte, welches für sie sehr wichtig war. Ihr Mann war vorher schon einmal verheiratet gewesen, sie war also seine zweite Frau. Sie hatte Angst, es würde noch ein anderes, altes Testament geben.

Ich setzte mich an den ehemaligen Schreibtisch des Mannes, ging in Trance und rief den Namen des Verstorbenen. Kaum hatte ich damit begonnen, meldete er sich. Seine ersten Worte waren: „Endlich, ich habe so darauf gewartet, dass sich jemand meldet, es geht um mein Testament!"

Ganz klar und deutlich wurde mir dann erklärt, wo sich das Testament befand. Die Frau hätte es nie allein gefunden, es lag zwischen den Seiten eines Buches. Sogar der Titel dieses Buches wurde mir gesagt, sonst hätten die Frau und ich bestimmt einige Stunden lang die vorhandenen Bücher durchwühlen müssen.

Ich stellte dann zwischen dem Verstorbenen und der Frau eine Verbindung her. Dabei wollte ich nicht stören und ging solange aus dem Zimmer. Später zündeten wir gemeinsam ein paar Kerzen an, und die Frau legte die Lieblingsmusik ihres Mannes auf.

Das Verabschieden eines Verstorbenen ist für alle Beteiligten immer eine unvergessliche Erfahrung.

Kontaktaufnahme zu einem Verstorbenen

An diesen Fall erinnere ich mich deshalb gerne, weil der verstorbene Vater so viel Humor besaß. Er war vor einigen Jahren verstorben, inzwischen war der Sohn auch Vater eines Sohnes und bat mich, doch einen Kontakt herzustellen.

Wir saßen gemütlich im Wohnzimmer auf der Couch, es waren noch einige Freunde dabei. Ich ging in Trance und rief nach dem Vater. Sehr schnell hatte ich Kontakt und bat um ein Erkennungszeichen, das ich immer von Verstorbenen verlange, damit ich sicher bin, dass sich kein „Foppgeist" meldet.

Der Vater sagte mir, kurz vor der Beerdigung wäre ein sehr lustiger Vorfall passiert, es hätte etwas mit dem Sarg zu tun. Alle Anwesenden, besonders der Sohn, saßen ganz andächtig in der Runde und warteten darauf, dass ich etwas sagen würde. Ich konnte einfach nicht sagen, dass es einen lustigen Vorfall gegeben habe, denn alle saßen viel zu ernst herum. Ich fragte deshalb den Verstorbenen nochmals, was los war, und er sagte nur, er habe so richtig lachen müssen, als es um den Sarg ging.

Was war da wohl geschehen? Ganz vorsichtig fragte ich nun den Sohn, was mit dem Sarg los war, gab es da etwas Lustiges? Ich getraute mich fast nicht zu fragen, denn wie kann eine Sache mit einem Sarg lustig sein? Und da kam mir der Verstorbene zu Hilfe und begann mit der Erzählung: Seine drei Söhne hatten den Sarg ausgesucht, jeder wollte einen anderen haben, der eine einen ganz billigen, der andere einen in der mittleren Preisklasse und der dritte einen teuren Sarg. Die Söhne konnten sich nicht einigen und bekamen derart Streit, dass sie sich anschrien und schließlich jeder in eine andere Richtung davon ging.

Erst am nächsten Tag trafen sie sich wieder und einigten sich nach langem Hin und Her auf einen bestimmten Sarg. Schon zu Lebzeiten hatte der Vater sehr viel Humor besessen, und so hatte er sich bei der Auswahl des Sarges im wahrsten Sinne „königlich amüsiert".

Ich sagte dem Verstorbenen, dass er nun ins Licht gehen könne. Voller Freude rief er uns noch zu: „Mein Vater ist gekommen, um mich abzuholen!" Bei brennenden Kerzen saßen wir da und der Sohn bedankte sich mental nochmals bei seinem Vater für alles, was er ihm beigebracht hatte.

Zuerst war es dem Sohn etwas peinlich gewesen, was da so herauskam, aber je länger wir zusammensaßen, desto mehr lachten wir alle über diese Sargaffäre.

Der Ring der Tante

Es kommt immer wieder vor, dass Menschen mich um Hilfe bitten, um Kontakt zu Verstorbenen aufzunehmen. So stand auch eines Tages eine Frau vor meiner Tür und bat mich, ich solle doch Kontakt zu ihrer Mutter herstellen. Wir setzten uns zusammen ins Wohnzimmer und sprachen über die wichtigsten Dinge, die ich jedem sage, der Kontakt zu Verstorbenen haben möchte. Danach ging ich in Trance und rief den Namen der Mutter. Doch nichts geschah. Wir warteten noch eine ganze Zeit, aber die Mutter meldete sich nicht.

Ich wollte die Sitzung schon beenden, als sich doch noch eine Frau meldete. In der Annahme, es wäre die Mutter, fragte ich sie nach einer Bestätigung ihrer Glaubwürdigkeit. Die Frau, die sich da gemeldet hatte, lachte mich an und sagte: „Frage sie nur nach dem Ring", was ich auch tat. Die Frau, die mir gegenüber saß, war auf einmal richtig sprachlos, dann sagte sie: „Das kann nicht meine Mutter sein, das ist meine Tante. Von ihr habe ich einen wunderschönen Ring geerbt."

Aber warum meldete sich die Tante, die wir nicht gerufen hatten? Das wurde sehr schnell geklärt. Die Frau bewahrte den Ring voller Bewunderung in einer Schmuckdose auf, getraute sich aber nicht, diesen zu tragen, weil er so wertvoll war. Aber das wollte die Tante gerade, deshalb hatte sie sich gemeldet. Die Tante war davon überzeugt, dass sich die Erbin über den Ring nicht gefreut hatte, und war deshalb gekommen, um das zu klären. Nachdem alles, wirklich alles, geklärt war, zündeten wir Kerzen an und sprachen ein Gebet.

Dass der Ring jetzt auch wirklich getragen wird, davon konnte ich mich bei einem Theaterbesuch überzeugen.

Bauer verunglückt mit dem Traktor

Dieser Fall war besonders tragisch. Der Mann war tödlich verunglückt und fand keine Ruhe. Seine Frau wurde von einem guten Bekannten zu mir gebracht. Ihrer Bitte, Kontakt mit dem Verstorbenen aufzunehmen, kam ich gerne nach.

Der Verstorbene meldete sich auch sofort und berichtete, dass er mit dem Traktor in den Wald gefahren sei, um Bäume zu fällen. Er war allein gewesen und hatte sich bemüht, die Bäume noch vor Dunkelheit aufzuladen. Als er oben auf dem Traktor stand, war er mit den nassen Gummistiefeln ausgerutscht und mit dem Kopf auf eine Kante geschlagen. Er schlug so unglücklich auf, dass er sofort verstarb.

Von der Familie ahnte keiner etwas von dem Unglück, das sich im Wald zugetragen hatte. Der Mann lag stundenlang auf dem Traktor, bis ihn die Familie fand. Er wurde in die Gerichtsmedizin gebracht, und dort stellte man fest, dass er an einem Herzinfarkt gestorben sei.

Es war schon schlimm für die Familie, dass sie mit dem Tod des Bauern fertig werden musste, noch schlimmer aber war, dass es bei Tod durch Herzinfarkt keine Unfallrente gab.

Der Verstorbene schilderte mir, wie es wirklich gewesen war: Er war ausgerutscht, da seine Stiefel durch den Waldboden feucht geworden waren, und war mit dem Hinterkopf aufgeschlagen. Ob da doch ein Herzinfarkt mit im Spiel war, das wusste niemand. Jedenfalls erzählte der Verstorbene, dass er zwar den Unfall bemerkt hatte, aber nicht wusste, dass er tot war. Wie in Panik rannte er zurück auf seinen Hof, um die Familie um Hilfe zu bitten. Er konnte nicht begreifen, warum man seine Gegenwart nicht wahrnahm, niemand sprach mit ihm. Langsam, ganz langsam kam ihm zum Bewusstsein, dass er tot war.

Der Verstorbene sagte, das wäre das Schlimmste gewesen, die Zeit, bis ihm sein Zustand klar war. Er wusste, dass es einen Weg ins Licht gibt, doch den wollte er noch nicht gehen. So blieb er, sah sich seine Beerdigung an, beobachtete die Menschen, die um ihn trauerten. Mit der Nachfolgeregelung war er sehr zufrieden, nicht aber, dass die Familie keine Unfallrente bekam. Doch da konnten weder er noch ich etwas tun.

Da nun mit dem Hof alles in Ordnung war, war er auch bereit, ins Licht zu gehen. Er verabschiedete sich noch von seiner Frau mit einer Umarmung aus Energie und verließ uns.

Es kommt immer wieder vor, dass Verstorbene herumirren, weil sie nicht wissen, dass sie tot sind. So etwas ist meistens bei einem schnellen Tod durch Unfall möglich. Erst allmählich wird ihnen dann klar, dass sie nicht mehr zu den Lebenden gehören.

Die meisten Verstorbenen werden abgeholt und gehen dann gleich ins Licht. Es kommen meist Verwandte, etwa Vater oder Mutter.

Nach dem Krieg kam es öfter vor, dass der Sterbende von seinem im Krieg gefallenen Sohn erwartet wurde. Wie oft hörten wir schon von alten Menschen, die im Sterben lagen: Jetzt ist mein Mann, Sohn oder sonst jemand gekommen. Die Sterbenden sehen schon einige Zeit vor ihrem Tod denjenigen, der sie abholt.

Es sind nicht immer nur Verwandte, nein es gibt auch Engel, und zwar Lichtengel, die diesen besonderen Dienst versehen.

Was sind Lichtengel?

Ich selbst hatte die große Freude, im Juni 1991 in einer Rückführung nicht nur mein letztes Leben zu sehen, sondern ich erlebte auch meinen Tod und sah die Lichtengel, die mich erwarteten. Es waren zwei.

Was mich an den Lichtengeln faszinierte, war ihre Gestalt und ihr Aussehen, sie trugen ein fließendes Gewand. Von vorne gesehen war das Gewand völlig transparent, seitlich betrachtet war es dunkelblau. Ich spürte die Energie, die uns aufwärts trieb. So muss es einem Vogel ergehen, wenn er sich von der Thermik treiben lässt.

Ich erlebte in der Rückführung sehr viel. So sah ich eine riesengroße Bibliothek mit vielen Büchern. Allerdings standen diese nicht in Regalen, sondern schwebten einfach im Raum. Ich setzte mich an einen für mich nicht sichtbaren Tisch, an dem schon ein alter, weiser Mann Platz genommen hatte. Er blickte mich sehr gütig an, sprach kein Wort, gab mir aber mein Lebensbuch. Ich schaute mir das Buch lange und genau an, dann bat ich darum, wieder inkarnieren zu dürfen. Nachdem ich meinen Wunsch geäußert hatte, fand ich mich in einem großen Raum wieder, der sehr viele weiße Türen hatte. Hier warteten genau wie ich die Seelen, die wieder zur Erde wollten. Wie im Leben auch, wurden wir einzeln aufgerufen und gingen jeder durch eine bestimmte Tür.

Auf einmal befand ich mich in einem Kanal, wie ein kleiner Bach, nur war darüber ein flaches, transparentes Dach. Viel Licht kam durch, es waren himmlische Farben, so sah ich ein helles Grün und Rosa. Farben in dieser Nuance gibt es hier auf Erden nicht. Nach meinem Gefühl war ich ein glitzernder Tropfen auf einem Blatt, der im Bach schwamm. Die Farben haben öfter gewechselt, je nach Lichteinfall... und mit einem Ruck befand ich mich im Mutterleib.

Eine Rückführung in frühere Leben, natürlich nur mit einem sehr gut ausgebildeten Therapeuten, kann ich nur empfehlen.

Schauspieler meldet sich im Café

An einem verregneten Sonntag besuchten Freunde und ich eine Ausstellung. Danach wollten wir uns noch unterhalten und gingen in ein Café. Es war sehr voll, doch wir bekamen noch einen gemütlichen Tisch in einer Nische. Wir sprachen über die Ausstellung, die uns gut gefallen hatte. Da es sehr gemütlich war und es draußen regnete, kamen wir auf andere interessante Themen zu sprechen. Öfter schon hatten mich diese Freunde gebeten, doch das eine oder andere Erlebnis mit Verstorbenen zu berichten. So auch heute wieder, ich erzählte, was ich in den letzen Tagen alles erlebt hatte.

Ein Freund, der dabeisaß, fragte uns, ob wir auch die Nachricht vom Tode eines bekannten Schauspielers gelesen hätten. Einige hatten davon gehört. Der Freund erzählte, dass er den Schauspieler vor Jahren einmal persönlich kennen gelernt habe. Bei einer kleinen Aufführung hatte der Schauspieler damals einen Vater und er den Sohn gespielt. So war es zu einem längeren Gespräch und zu einer gewissen Vertrautheit gekommen, denn der Freund hatte auch die Frau des Schauspielers, eine bekannte Filmschauspielerin, kennen gelernt. Das alles erzählte uns der Freund.

Plötzlich hatte ich das Gefühl, dass jemand anwesend sei, und so fragte ich mental, bist du der Schauspieler, über den wir gerade reden? Natürlich, es war der Schauspieler. Die beiden hatten sich noch einiges zu sagen, was ich gerne vermittelte. Der Freund fragte den Verstorbenen dann: „Kann ich noch etwas für dich tun?“ „Oh ja, du weißt doch, wie gerne ich eine Tasse guten Kaffee getrunken habe, tue es bitte für mich.“ Sofort bestellte sich der Freund noch einen Kaffee und trank ihn im Gedenken an den Schauspieler aus.

Obwohl um uns herum so viel Betrieb war, hatte es sich der verstorbene Schauspieler nicht nehmen lassen, noch einige Worte mit dem „früheren Sohn“ zu wechseln. Als hätten wir es geahnt, dass es zu einer Begegnung kommen würde, hatten wir gleich nach dem Niedersetzen die Kerze auf dem Tisch angezündet.

Schlägerei in einem Kellerlokal

Die Inhaberin eines Kellerlokals, das sehr schön in der Grazer Altstadt liegt, rief mich zu sich, weil es in ihrem Lokal zu beängstigenden Ausschreitungen gekommen war. Bevor wir beide am Vormittag in das Lokal gingen, es ist ein Abendlokal, erzählte sie mir, dass dies nicht ihr erstes Lokal sei und sie durchaus Erfahrung mit randalierenden Gästen habe. Die Inhaberin öffnete die Tür und wir stiegen die Kellertreppe hinunter. Trotz Licht und frischer Luft spürte ich sofort ein unangenehmes Gefühl. Wir steuerten auf die

Theke zu. Da krachte es hinter mir, ein Gegenstand war genau hinter mir zu Boden gestürzt. Na, das fängt ja gut an, dachte ich.

Wir setzten uns in dem gemütlich eingerichteten Lokal an einen Tisch und tranken Tee. Nun folgte die Erzählung der Frau, und wenn ich nicht schon so viel erlebt hätte, wären mir die Haare zu Berge gestanden.

Die Geschichte war folgende: Vor einigen Monaten pachtete die Frau das Kellerlokal. Der frühere Pächter hatte sich zuletzt sehr ungewöhnlich benommen. Um die Leute aus der belebten Einkaufsstraße herunterzulocken, schrie er zum Beispiel öfter über das Mikrofon: „Leute, kommt's herunter, hier gibt es was zu trinken." Manchmal stellte er sich an den Eingang und belästigte die Vorbeikommenden. Durch diese Verhaltensweise kamen natürlich fast keine Gäste mehr, das Lokal blieb leer. Schließlich beging der Pächter Selbstmord, aber nicht in dem Lokal.

Das war ein Teil der Geschichte, nun kam der andere Teil, der betraf das Benehmen der Gäste im Lokal der neuen Pächterin. Dadurch, dass das Lokal in der Innenstadt lag, kamen viele Geschäftsleute, aber auch Anwälte und Ärzte. Es kamen junge Menschen und ältere. Jeden Abend nach Öffnung des Lokals war es gleich, die Gäste waren zunächst ruhig, unterhielten sich, tranken ihren Wein oder ihr Bier. Ganz allmählich wurde es etwas lauter, die Gäste duzten sich und einige zogen die Schuhe aus und liefen barfuß. Der Alkohol floss. Darüber hätte sich die Pächterin ja freuen können, aber je mehr Alkohol getrunken wurde, desto lauter wurde es. Die Nacht endete öfter mit einer Schlägerei, bei der sogar einmal ein Gast dem anderen ein Ohr abriss. Die Polizei rückte an und nahm einige Gäste wegen Randalierens fest. Am nächsten Morgen beim Aufräumen wurden einige Schuhe gefunden, die dann von den Sekretärinnen der einzelnen Herren abgeholt wurden. Dies war kein Einzelfall, und bald stand für die Pächterin fest: Entweder sie würde heute die Ursache der wilden Schlägereien finden oder das Lokal aufgeben.

Nachdem ich mich in Trance versetzt hatte, bekam ich sogleich ein Bild. Von dem, was ich sah, stockte mir der Atem. Ich sah lauter schmutzige, zerlumpte Gesellen ohne Schuhe durch den Keller laufen. Was ich nicht wusste, war, dass die Altstadt unterirdisch durch Kellergänge verbunden ist und diese noch aus dem Mittelalter stammen. Natürlich ist das alles heute nicht mehr offen zugänglich, jedes Haus besitzt zwar noch ein Kellergewölbe, die Verbindung zu den anderen Häusern hin ist aber zugemauert.

Ich stellte einen dieser Gesellen zur Rede und fragte ihn, was er und die anderen hier unten machten. Die Antwort war: „Wir überfallen die Bürger der Stadt, rauben sie aus und verschwinden hier unten in dem riesigen Gewölbe. Hier unten findet uns niemand, hier teilen wir die Beute und streiten uns oft.“ „Warum benehmen sich die Gäste des Lokals so streitlustig?“, fragte ich. „Die saufen wie wir, und dadurch können wir die Menschen manipulieren und sie machen das, was wir immer machen... saufen und raufen. Es ist so lustig, zuerst ziehen wir ihnen die Schuhe aus, dann beginnen wir zu raufen. Ich war es auch, der diesem einen das Ohr abgerissen hat.“

So ging das auf gar keinen Fall weiter. „Wie wäre es, wenn ihr ins Licht gehen würdet?“, war meine Frage. Doch das wollten sie nicht. Auf gar keinen Fall wollten sie hier weg, viel zu lustig war das Herumtoben im Gewölbe.

Ich versuchte es auf eine andere Art und begann zu handeln. „Was wollt ihr an Waren, wenn ihr geht?“ Auf meine Frage kam die Antwort: „Wir wollen viel, und zwar einen großen Laib Brot und viele goldene Münzen.“ Da zögerten wir nicht lange und besorgten das

Brot. Dann suchten wir nach noch neuwertigen Münzen, sie mussten noch glänzen. Auf einem Tablett wurde alles schön hergerichtet: das Brot und die glänzenden Münzen. Das Tablett stellte ich auf die Theke und sagte laut und deutlich in den Raum: „Das ist euer Geschenk, nehmt es und verschwindet hier."

Da an diesem Tag Ruhetag war, musste nicht geöffnet werden, es herrschte Ruhe im Lokal und die Gesellen hatten die Möglichkeit zu verschwinden. Am nächsten Abend kam ich, als das Lokal aufmachte, und ging langsam nach unten. Ich war selbst überrascht, weil von der ehemals düsteren Stimmung nichts mehr zu spüren war.

Im Laufe der Zeit hat sich das Publikum verändert, es kommen mehr Gäste als früher, der Umsatz ist sehr gut, es bleibt alles ganz ruhig und friedlich. Keine Verbrüderung, keine ausgezogenen Schuhe und vor allem keine Schlägereien mehr. Auch heute noch, Jahre später, gehe ich ab und zu in das Kellerlokal und freue mich, dass es den Gästen und der Pächterin gut geht.

Es kann sich auch ein anderer melden

Freunde hatten mich eingeladen. Wir saßen gemütlich beisammen, da bat mich meine Freundin, frage doch bitte nach, ob der kürzlich tödlich verunglückte Freund sich meldet.

Ich fragte nach und bekam keine Antwort. Da so etwas auch vorkommt, wollte ich gerade wieder aus meiner Trance aussteigen, als ich ein Bild bekam. Ich sah ein Haus am Wasser und das Interessante war, dass dieses Haus direkt über dem Wasser auf Pfählen gebaut war. Da eine solche Bauweise hier nicht üblich ist, wollte ich das Bild schon wegschieben, aber es ging nicht. Ich fragte ein paar Mal, was das für ein Haus sei, aber ich bekam keine Antwort. Dann fragte ich, wer in dem Haus wohne, und wieder bekam ich ein Bild, das eines Mannes. Auch hier war etwas auffällig, der Mann trug eine Baskenmütze. Bisher hatte ich noch nicht gesprochen, doch jetzt erzählte ich meinen Freunden, was ich sah.

Meine Freundin wurde ganz aufgeregt und sagte: Das ist mein Lehrer, bei dem ich vor einigen Jahren Malunterricht genommen hatte. Jetzt, da die Verbindung zu dem Verstorbenen stand, konnte ich nicht nur einige seiner Bilder beschreiben, sondern er gab auch noch so manchen Tipp für meine malende und bildhauernde Freundin ab. Er sprach über Farben und Gestaltungen eines Bildes, ganz so, wie wenn er noch lebendig wäre.

Meine Freunde und ich sprachen noch lange über das Kommen des Malers.

Belästigung von Wesen

Ein starkes Feuerwesen

Einer meiner großen Fälle handelt von einem Universitätsprofessor. Seine Frau bekam von Bekannten meine Telefonnummer, rief mich an und erzählte mir, dass ihr Mann seit fünf Jahren ein bestimmtes Problem hätte. Und zwar würde eine unsichtbare Macht ihren Mann zwingen, meistens morgens in der Frühe Bier zu trinken. Auf meine Frage: „Was unternehmen Sie?“ bekam ich die Antwort: „Nur beten.“ Für den Mann war das besonders schlimm, da er als Sportler überhaupt keinen Alkohol trank.

Es begann schon früh am Morgen mit ein bis zwei Flaschen Bier, und das auf nüchternen Magen. Danach war der Professor so betrunken, dass seine Frau ihn an seinem Arbeitsplatz an der Uni entschuldigen musste. Nicht nur die Angst vor dem Wesen beherrschte den Mann, sondern auch die Angst, die Arbeit zu verlieren. Das Wesen war nicht immer im Körper des Professors, es gab auch Tage, da war er frei. Wenn das Wesen Besitz von „seinem Herrn“ ergriff, ihn also zwang, Bier zu trinken, durfte er sich nicht wehren, sonst wurde er regelrecht gewürgt. Das Würgen hinterließ Spuren, und zwar blaue Flecken. Kein Arzt glaubte dem

Professor, man lächelte und meinte, er wolle nur seinen Alkoholismus vertuschen.

Ich selbst habe es vorher nicht geglaubt, dass Wesen Menschen Schmerzen oder Leid antun können, wurde aber eines Besseren belehrt. Auch mich griff es an, als ich mit ausgestreckten Armen den Platz suchte, wo sich das Wesen außerhalb des Körpers des Professors aufhielt. Ich bekam einen Schlag direkt auf den Oberarm und schrie auf, nicht vor Schmerz, sondern weil ich erstaunt war, dass ich angegriffen wurde. Ein Kleiderschrank war der Platz, wohin sich das Wesen zurückzog. Gekauft wurde der Schrank vor ein paar Jahren in einem Möbellager, in dem Feuer ausgebrochen war. Durch die Löscharbeiten hatten einige Möbelstücke Wasserschäden und wurden verbilligt abgegeben.

Was keiner wusste und keiner ahnte: Ein Feuerwesen hatte sich den Schrank als „Unterkunft" ausgesucht und kam so mit in die Wohnung des Professors.

Es kommt öfter vor, dass ein Möbelstück, in dem sich ein Wesen befindet, z. B. auf einer Auktion oder auf einem Flohmarkt gekauft wurde. So holt man sich ganz leicht Ärger ins Haus. Aber nicht nur in Möbelstücken, sondern auch hinter Bildern kann man sie finden, und selbst vor sakralen Gegenständen machen diese Wesen nicht Halt. Ich fand auch schon Wesen hinter Masken und auf alten Waffen.

Ganz besonders bösartig wurde das Feuerwesen, wenn im Schlafzimmer der Kachelofen angezündet wurde. Einige der „Anfälle" bekam ich mit, ich wurde gerufen und fuhr so schnell ich konnte mit dem Auto zu der Wohnung. Mir wurde sehr schnell klar, dass ich mit einem so radikalen Wesen keine Einigung erzielen konnte. Wenn ich einen Vorschlag zur Güte machte, lachte es mich nur aus.

Während eines Anfalls legte ich daher dem Professor ganz spontan das Kreuz, das ich zum Schutz um den Hals trage, um. Es ist ein goldenes Kreuz mit blauen Topassteinen und hat die Form, wie sie früher die Kreuze der Rosenkreuzer hatten. Was dann geschah, war schon einmalig, auch für mich. Das Kreuz, das der Professor jetzt um den Hals trug, wurde immer schwerer und schwerer. Der Professor jammerte geradezu. Nur nicht abnehmen war mein Rat, so war er geschützt.

Damit Sie sich als Leser ein Bild von dem Professor machen können: Er ist sehr groß, schlank und sehr sportlich. Er hat bis vor der Zeit mit dem Wesen regelmäßig Sport getrieben wie Skifahren, Langlaufen, Radfahren und Schwimmen.

Seit Jahren weiß ich, dass Wesen ganz einfach Dinge richtig schwer machen können. Feuerwesen gehören für mich zu den Wesen, vor denen man eine gehörige Portion Respekt, aber niemals Angst haben sollte. Es gehören viel Mut, Gottvertrauen und bestimmte Kenntnisse dazu, Menschen von diesen Wesen zu befreien.

Das Feuerwesen fühlte sich durch all die Jahre, die es beim Professor war, sehr sicher, vor allem war es sich seiner Macht bewusst. Nach einem erneuten Anfall, zu dem ich gerufen wurde, tat mir der Professor mit seinen blauen Flecken am Hals Leid. Seine Frau saß betend auf der Couch, beide waren richtig hilflos. Eine sehr bedrohliche Atmosphäre herrschte im Raum. Ich hatte den Eindruck, dass das Wesen zu einem vernichtenden Schlag ansetzte, es kam bedrohlich und dämonisch grinsend immer näher, ein Entkommen war unmöglich. Der Professor und seine Frau waren nicht in der Lage, sich vom Fleck zu rühren, sie waren wie gelähmt. Ich musste furchtbar aufpassen, dass das Wesen sich mir nicht von hinten näherte und mich zu fassen bekam. Daher versetzte ich mich ganz schnell in den Alphazustand, das funktioniert dank jahrelanger Übungen gut. Hier auf dieser Ebene, und nur auf dieser Ebene, war es mir möglich, mich von den negativen Energien des Wesens abzuschirmen. In diesem Zustand kämpfte ich verbissen gegen diese lebensbedrohende Erscheinung.

Mit Hilfe eines imaginären Flammenwerfers, den ich auf das Wesen richtete, schwächte sich seine Kraft immer mehr ab, bis es plötzlich ganz verschwunden war. Der Professor und seine Frau hatten die ganze Zeit große Angst, starkes Herzrasen, sogar Übelkeit stellte sich bei beiden ein.

Nach meiner Schockbehandlung mit dem Flammenwerfer suchte das Wesen das Weite und kam nicht wieder. Der Professor und seine überaus glückliche Frau machten erst einmal für mehrere Wochen Urlaub in Amerika. Noch heute sind wir in Verbindung, der Professor lehrt an der Uni wie früher, treibt in seiner Freizeit viel Sport und ist wieder Antialkoholiker.

Bäume sind Träger geheimnisvoller Kräfte

...die sie aus der Erde beziehen. Bis in die Tiefe der Erde reicht das Wurzelwerk des Baumes hinunter. Bäume haben eine magische Heilkraft, die besonders in den Blättern, Rinden oder Wurzeln zu finden ist. Jeder Baum hat sein Wesen, das den Menschen freundlich gesinnt ist, sofern man es nicht reizt.

In der heutigen Zeit und besonders in unseren Breitengraden weiß man viel zu wenig über Wesen, die in der Natur existieren. Die Naturvölker achten viel besser darauf, keine Wesen „zu verletzen“. Hier bei uns wird einfach ein Baum gefällt, ohne dass man den verschiedenen Wesen, die in einem solchen Baum existieren, die Möglichkeit gibt, sich eine andere Bleibe zu suchen. Bei Baumwesen gibt es eine

Art Hierarchie, ganz oben steht ein mächtiges Wesen und dann kommen die kleineren Wesen. Weiter gibt es bei einem Baum Wurzelmännchen, die für die Wurzeln da sind und darauf achten, dass die Wurzeln genug Wasser bekommen. Es kommt immer wieder vor, dass ein Baumwesen „böse" wird, da man ihm seinen Baum gefällt hat, und dann zieht es aus Rache mit in das neue Haus ein. Ein Baumwesen kann auch die Bautätigkeit auf einem Grundstück verzögern. Nichts klappt dann, das Baumaterial wird falsch geliefert, die Arbeiter kommen nicht oder, ganz schlimm: ein Bauarbeiter verunglückt.

Wichtig ist es immer, bevor gebaut wird, oder noch besser: bevor Bäume gefällt werden oder Erde ausgehoben wird, den Wesen eine Opfergabe zu bringen.

Wenn ich spazieren gehe, betrachte ich die Umwelt ganz genau, die Bäume, die Sträucher und die Tiere. Seit meiner Kindheit spreche ich mit Bäumen. Vielleicht bilde ich mir das nur ein, aber sie antworten.

Vor langer Zeit habe ich in einem Park Freundschaft geschlossen mit einem großen, sehr alten Baum. Dieser Baum erzählte mir viel über die Menschen, die früher hier im Schloss gelebt hatten, und beklagte sich auch öfter über die Menschen, die die Bäume pflegen und hegen sollten. Mein Baum konnte nicht begreifen, dass Menschen in Berufen als Gärtner arbeiten und nicht mit Bäumen reden können. Das war völlig unverständlich für ihn, er bat mich des Öfteren, doch bei der Direktion der Landschaftsgärtnerei vorzusprechen und verschiedene Beschwerden der Bäume vorzubringen. Ich machte ihm klar, dass ich das nicht konnte, niemand würde mir glauben – ein Mensch, der mit Bäumen spricht, das gibt es doch nicht.

Ich stellte meinem Baum viele Fragen, bekam viele Antworten, aber auch öfter den Satz: „Denke nach, das ist dein Problem, das musst du ganz alleine lösen!"

Baumfällen erzürnt Wesen

Als ich zu diesem Fall gerufen wurde, ahnte ich nicht, was mich da erwarten würde. Ich fuhr mit dem Auto ein paar Kilometer außerhalb der Stadt. Mich erwartete ein kleines, nettes Haus inmitten einer Siedlung. Ich betrat es, und bereits in der Diele kam ich nicht weiter. Hier war eine Mauer – und was für eine!

Wenn ich so etwas spüre, schütze ich mich zusätzlich, nehme alle Kraft zusammen und „werfe" mich durch das Hindernis. So kam ich ins Wohnzimmer und stellte mich in die Mitte des Raumes, sagte meinen Namen und fragte, wer noch anwesend sei. Eine ganze Weile bekam ich keine Antwort und fragte mich schon, warum und weshalb nicht. Dann plötzlich erschien mit einem lauten Knall (der sogar von den anwesenden Bewohnern des Hauses gehört wurde) vor mir ein riesiges Wesen.

Nur gut, dass ich nicht ängstlich bin, sonst hätte ich das Weite gesucht, so groß und so furchterregend war das Wesen. Ein so großes Wesen war mir in meinem ganzen Leben noch nicht begegnet. Das Baumwesen hat eine Kopfform, die unserer ähnlich ist, keinen Hals, der Kopf sitzt direkt auf einem Rumpf, und unten keine Beine, sondern aus dem Rumpf verläuft eine Art Schweif. Es sieht einem Kometen ähnlich und ist aus einem gasähnlichen Stoff. Bevor ich irgendetwas sagen oder fragen konnte, schrie es mich an: „Verschwinde aus meinem Haus!"

So schnell gebe ich nicht auf, daher fragte ich das Wesen: „Warum bist du so böse?" Wieder sehr laut kam die Antwort: „Die Menschen haben meinen Baum gefällt!" Trotz der Drohhaltung des Wesens fragte ich weiter: „Kann ich etwas für dich tun?" Das riesige Baumwesen beugte sich zu mir herunter und schrie abermals: „Verschwinde, sonst tue ich dir ein Leid an!" Jetzt konnte nur noch mein Freund, der Baum helfen.

Ich dachte ganz intensiv an meinen Baum und bat ihn, mir zu

helfen. Das Erste, was geschah, war, dass das Baumwesen vor mir kleiner wurde, es schrumpfte auf Menschengröße, und dann standen wir zwei uns schweigend gegenüber. Ich ließ mir Zeit und wartete ab, was kommen würde. Dann setzte ich mich in einen Sessel und bat auch die Anwesenden, sich hinzusetzen. Noch immer befand sich das Baumwesen im Zimmer, und ich hatte das Gefühl, es würde mich interessiert betrachten. Mit nicht mehr so lauter und unangenehmer Stimme sagte das Wesen nun: „Du stehst unter dem Schutz der Bäume, also was willst du?“ Ich erklärte ihm, dass die Menschen hier nichts über Baumwesen wussten und deshalb im Garten, vor dem Baubeginn des Hauses, Bäume gefällt hatten. Dann bat ich ihn, mir bekanntzugeben, was er als Wiedergutmachung haben wolle.

Mit einem blühenden Rosenstock wollte er sich nicht zufrieden geben, es mussten drei sein. Diese Blumenstöcke wurden schnell besorgt und in den Garten gepflanzt. Doch Ruhe gab es noch keine im Haus, da waren noch einige Verstorbene, die ins Licht geschickt werden mussten. Interessanterweise war unter den Verstorbenen auch eine Nachbarin, die früher sehr oft das Grundstück gemäht hatte.

Ein paar Tage später fuhr ich wieder zu dem Haus, um zu schauen, ob auch alles in Ordnung war. Die Frau erzählte mir, dass sie zuerst die Idee hatte, selbst zu fragen, wer da war. Sie geht seit Jahren zu einer Meditationsgruppe, hat dort auch über ihre Probleme mit dem Haus gesprochen, und die Gruppe meinte, das könne sie auch. Nach dem, was sie selbst miterlebt hat, war sie froh, dass sie sich nicht allein und ohne Schutz an das Wesen gewandt hatte.

Vor solchen Alleingängen kann ich nur warnen, mit Wesen, besonders aber mit radikalen Wesen, ist nicht zu spaßen.

* * *

Ich möchte nochmals eindringlich davor warnen, mit Wesen oder mit Verstorbenen Kontakt aufzunehmen, wenn man nicht vorher eine Ausbildung gemacht hat. Wer sich einer solchen Ausbildung unterziehen will, der sollte sich nach einem seriösen Seminar umschauen und es besuchen.

Schon Goethe wusste: Die Geister, die ich rief, werde ich nicht mehr los! Es ist ganz egal, ob sich der Mensch im Spaß oder voller Ernst mit diesen Dingen befasst. Wissen, Schutz und vor allem keinerlei Angstgefühle müssen vorhanden sein. Allein über die Vorfälle, die ohne Schutz und in Unkenntnis passierten, könnte ich ein Buch schreiben.

Ein großes Wesen greift an

Dieser Fall war nicht einfach für mich. Nach einem Seminar, in dem ich über Wesen, Verstorbene und negative Energien sprach, fragte mich eine Frau, ob ich nicht ganz schnell zu ihr fahren könne, ihre Gesundheit sei schon sehr angegriffen. Sie vermutete, dass Wesen oder negative Energien in ihrem Haus waren. Das Haus steht etwas außerhalb mit großem Garten und Koppel für die eigenen Pferde.

Wie immer, wenn ich gerufen werde, betrete ich das Haus und gehe gewohnheitsmäßig erst einmal in die Küche. Und was geschah? Schwarz wurde es mir vor den Augen. Bevor ich umfiel, steuerte ich auf den Tisch zu und setzte mich mit letzter Kraft auf einen Stuhl. Die Frau bemerkte es sofort, sie sagte, ich wäre ganz weiß im Gesicht, ob es mir nicht gut gehe, und sie stellte mir ein Glas Wasser hin. Ich blieb erst einmal sitzen, atmete tief durch, und langsam kam wieder Farbe in mein Gesicht. Es ging mir wieder gut und ich fragte: Wer ist da und möchte, dass ich wieder gehe? Da ich keine

Antwort bekam, ging ich durch das ganze Haus und fand zusätzlich noch eine starke negative Energie im Schlafzimmer.

Wie schon mehrmals in diesem Buch erwähnt: Negatives zieht Negatives an. Mit wem oder was sollte ich beginnen? Ich entschied mich für das Wesen. Nochmals laut und deutlich stellte ich die Frage: „Wer bist du?“, bekam aber wieder keine Antwort. Nun, wenn ich keine Antwort bekomme, dann frage ich direkt: „Bist du ein Wesen aus der Natur?“ Dem war so, aber warum dieser Angriff? Mit meinen üblichen Fragen kam ich hier nicht weiter. Das Wesen war aggressiv und nicht bereit, mir zu antworten. Ich brauchte viel Zeit und noch mehr Geduld, bis ich endlich wusste, warum sich das Wesen im Haus aufhielt. Wie immer war der Mensch schuld, d.h. der Mensch hatte ohne Absicht, aber in völliger Unkenntnis, das Naturwesen verärgert.

Dieses Mal konnte ich es nicht mit einem Rosenstock überreden, das Haus zu verlassen. Ich setzte meine ganze Energie ein, und das eine ganze Woche lang, dann endlich war Schluss und das Wesen verschwand. Die Auflösung bzw. Umleitung der negativen Energie war im Verhältnis zum Vertreiben des Wesens einfach.

Junges Mädchen wird angegriffen

Auf diesen Fall bin ich besonders stolz, weil er ohne Medikamente für das junge Mädchen geklärt werden konnte. Es war, wie meistens, ein Haus außerhalb der Stadt mit großem Grundstück. Die Mutter des Mädchens hatte mich gebeten, zu kommen und zu helfen. Der Fall hörte sich tragisch an, die Tochter hatte in der Nacht öfter furchtbare Alpträume und war daher morgens nicht in der Verfassung, in die Schule zu gehen.

Als ich ins Haus kam, begrüßten mich die Eltern und ein sehr blasses, mageres Mädchen. Morgens beim Frühstück erzählte die Tochter stockend von ihren Träumen, der Höhepunkt war meistens ein richtiges Blutbad an ihr. Die besorgten Eltern gingen zum Hausarzt. Der sagte sofort, hier könne er nicht helfen und verschrieb auch keine Medikamente. Was tun? Die besorgte Mutter bekam meine Telefonnummer und so war ich ins Haus gekommen.

Die ganze Familie begleitete mich, wahrscheinlich aus Neugierde, nach oben zu dem Schlafzimmer der Tochter. Die Mutter öffnete die Tür, ich ging ein paar Schritte in den Raum und schleunigst wieder nach draußen. Ich bekam keine Luft in dem Zimmer, so stark war die negative Energie und eine mächtige Stimme rief: „Verschwinde, aber schnell!“ Ich war schon viel gewohnt, mit einem freundlichen Empfang hatte ich auch nicht gerechnet, aber dass es so schlimm wurde, überraschte mich doch. Vorsichtig setzte ich einen Fuß vor den anderen und betrat wieder das Zimmer. Was blieb mir auch sonst übrig, ich musste ja helfen. Wie üblich stellte ich mich vor und fragte: „Warum bist du so böse?“

So nach und nach erfuhr ich dann, dass das Wesen sich ganz besonders wohl fühlte in dem Raum und die Tochter sozusagen das schwächste Glied der Kette war. Ich begann mit meinen Aufräumungsarbeiten und zwang das Wesen, das Haus zu verlassen. Die negative Energie wurde umgeleitet und sehr schnell fühlten wir, also die Eltern und die Tochter, uns in dem Zimmer wohl. Nach ein paar Stunden war das Zimmer der Tochter wieder so weit in Ordnung, dass ich sagte, sie könne die Nacht hier verbringen. Die besorgten Eltern wollten das aber nicht, doch die Tochter hatte Vertrauen zu mir und meiner Arbeit und schlief in ihrem Bett. Am nächsten Morgen kam der Anruf der Mutter, es seien bei der Tochter keinerlei Beschwerden mehr aufgetreten.

Wenn ich Wesen oder negative Energien vertreibe, warte ich immer eine ganze Zeit und kontrolliere dann nochmals die Räume. Das Kontrollieren ist wichtig, sonst kommt vielleicht ein Wesen auf den Gedanken, wieder zurückzugehen.

Alles braucht seine Zeit, so auch die negative Energie. Erst nach Tagen, manchmal nach Wochen ist dann alles wieder in Ordnung. Es kommt immer darauf an, wie lange ein solches Wesen oder eine negative Energie im Haus war. Dementsprechend lange dauert die Wiederherstellung. Ich überprüfe nach dem „Cleanen" wöchentlich die Wohnung bzw. das Haus. Das hilft auch den Menschen, die Angst, die noch immer vorhanden ist, loszuwerden. Dazu kommen auch die Gespräche, die ich in dieser Zeit mit den Menschen führe.

Noch ein Wort zur Angst: Wesen und Verstorbene quartieren sich mit Vorliebe dort ein, wo Menschen ängstlich sind.

Eine Woche später läutete bei mir das Telefon und der Vater war am Apparat. Auf meine Frage, ob wieder etwas los sei, verneinte er. Durch meine Arbeit in dem Kinderzimmer hatte er Vertrauen zu mir und bat, doch noch einmal zu kommen, irgendetwas mit seiner Firma war nicht in Ordnung. Immer mehr Kunden blieben aus.

Also fuhr ich wieder in den Ort, um die Gebäude der Firma zu besichtigen. Direkt vor dem Eingang war eine unsichtbare Mauer, die mir den Weg versperrte. So etwas kannte ich schon, ich blieb stehen und bat mein höheres Selbst um ein Bild. Langsam bekam ich dieses Bild, ich sah die Gegend mit der großen, alten Kirche, aber keine Gebäude oder Häuser waren zu sehen. Ein einfacher Feldweg führte direkt von der Kirche zu einem freien Platz mit Galgen. Auf diesem steht heute die Firma. Ich sah eine Art Prozession, ihr voraus mehrere schwarz gekleidete Männer, dahinter einige zerlumpte Gestalten.

Es war schrecklich, was ich da sah, und noch schlimmer war, ich spürte die Angst der Gefangenen. Genau da, wo jetzt der Eingang der Firma ist, war der Hinrichtungsplatz und die ganze geballte, negative Angst war spürbar. Die Kunden, die zur Firma wollten, spürten in ihrem Unterbewussten diese Angst, die sie davon abhielt, die Firma zu betreten. So wurden die Kunden von Monat zu Monat immer weniger. Natürlich spürten die Kunden nicht die Todesangst der Verurteilten, sondern es war eher eine unerklärliche Empfindung, die sie von der Firma fern hielt. Verstorbene waren keine mehr da, so war meine Aufgabe nur das Auflösen der Angst. Das war nicht so einfach und zog sich über Monate hin. Ich hatte zusätzlich den Rat gegeben, auf beiden Seiten beim Eingang auf den Boden je einen blühenden roten Rosenstock hinzustellen. Die Rosenstöcke haben nicht lange gehalten und gingen sehr schnell ein.

Die nächsten, die wir hinstellten, blühten dann wesentlich länger.

Wesen versperrt die Tür

Zu einem sehr interessanten Fall wurde ich in ein großes Haus mit Garten gerufen. Die Eingangstür klemmte, deshalb benutzten die Bewohner schon jahrelang den zweiten Eingang. Die Frau des Hauses hatte einen Feng Shui-Kurs besucht und zum Abschluss dieses Seminars den Kursleiter eingeladen. Dieser wunderte sich, dass die Eingangstür nicht benutzt wurde und versuchte sein Glück, doch die Tür ließ sich nicht öffnen. Da ich die Frau schon längere Zeit kenne, rief sie mich an und schilderte mir ihren Fall.

Ich fuhr hin und natürlich wollte ich durch die Tür gehen, die sich nicht mehr öffnete. Mit viel Kraftaufwand schafften wir zwei Frauen, dass die Tür aufging. Im dahinter liegenden Gang spürte ich sofort einen Widerstand, der versuchte, mich am Weitergehen zu hindern. Als ich es doch geschafft hatte, setzte ich mich nieder, ging in den Alphazustand und fragte auf meine bekannte Art: „Wer ist hier?“ Es dauerte eine Zeit, bis ich Antwort bekam. Was war mit dieser Tür geschehen?

Als das Haus gebaut wurde, bat man einen Tischler, die Türen anzufertigen. Die Besitzer des Hauses wünschten sich besonders schön geschnitzte Türen. Die Arbeit verlief am Anfang auch sehr gut, zuerst wurden die Türen für das Haus innen gemacht und zum Schluss sollte die Haustür entstehen. Doch da geschah das Unglück. Bei den Schnitzarbeiten war dem Tischlermeister die Hand ausgerutscht und er war sich mit dem Schnitzmesser ins Bein gefahren. Was für ein Schmerz! Die Wunde war sehr tief und blutete stark. Der Tischler war völlig außer sich und schrie vor Schmerzen auf. Und dann fing er furchtbar zu fluchen an. Er verfluchte nicht nur sein Schnitzmesser, nein, er verfluchte auch die Tür. Der Mann war so voller Zorn, dass er gar nicht wusste, was er sagte. Sein Fluch ging so weit, dass er auch die Menschen verfluchte, die diese Tür bekommen sollten. In seinem Schmerz wusste er nicht, was er tat.

Der Tischler lag längere Zeit im Krankenhaus und in der Zwischenzeit hatte ein Geselle die Tür fertig gestellt. Aber irgendetwas war los mit der Tür, von Anfang an klemmte sie, und keiner der Bewohner (zwei Erwachsene und zwei Kinder) wollte durch diese Tür und den dahinter liegenden Flur gehen.

So verging ein Jahr nach dem anderen. Wäre nicht der Seminarleiter des Feng Shui-Kurses gekommen und hätte gesagt, da sollte man jemanden rufen, der sich mit Wesen auskennt, würde die Tür heute noch klemmen. Ja und so kam ich also in das Haus. Nicht nur, dass sich der Fluch des Tischlers auf die Besitzer des Hauses auswirkte, dazu kam noch ein ungutes Wesen, das sich im Flur niedergelassen hatte. Mit dem Wesen nahm ich Kontakt auf und es gelang mir, das Wesen zu überreden, dass es das Haus verließ. Aber was sollte ich mit dem Fluch tun? Ich probierte es auf meine ganz persönliche Art mit Hilfe der Ankh-Kreuze, die ich an der Tür anbrachte. Die Kreuze verwandelten die negative Energie in eine positive Schwingung. Keine zehn Minuten später ging die Eingangstür spielend leicht auf und auch im Flur war es nicht mehr so ungemütlich.

Die Geschichte hat noch eine Fortsetzung. Einige der Teilnehmer an dem Feng Shui-Seminar hatten das mit der verklemmten Tür mitbekommen und natürlich auch, dass die Tür nun wieder voll funktionierte. Ein paar Tage später bekam ich einen Anruf, ich sollte doch in ein Lokal kommen, da wäre auch etwas nicht in Ordnung. Auf meine Frage, was denn los sei, bekam ich zur Antwort: Der Tischler, der die Theke baute, hinkte. Das allein war ja noch kein Grund zur Besorgnis, aber es stellte sich heraus, dass es sich um die gleiche Tischlerfirma und den gleichen Tischler handelte. Durch den Unfall war der Handwerker nicht nur gehandicapt, sondern auch sehr verbittert, da er durch den Aufenthalt im Krankenhaus einige gute Aufträge verloren hatte.

Um es kurz zu machen, auch in dieser Theke hat sich ein Wesen „aufgehalten". Nach der Kontaktaufnahme erzählte ich dem Wesen, wie schön es draußen sei und sagte ihm, dass es sich doch einen anderen Platz suchen sollte. Was es auch nach einigem Zögern tat.

Interessant ist, wenn ich Wesen oder negative Energien aus Lokalen „vertreibe", spüren Gäste sehr schnell etwas Positives, das sie sich nicht erklären können. In Praxisräumen kam es vor, dass Kunden fragten: Habt ihr über das Wochenende die Wände neu gestrichen?

Eines steht fest: Nach dem Austreiben von Wesen und Reinigen von negativen Energien kommen neue Kunden und bestehende Kunden sind viel zufriedener.

Wesen haben ausgefallene Wünsche

Ich staune immer, was von den Wesen so gewünscht wird. Ich biete dem Wesen, das ich sozusagen aus dem Haus oder der Wohnung verdränge, eine Wiedergutmachung an. Gerne werden Münzen genommen. Das können kleine Geldstücke sein, sie müssen nur richtig hell glänzen. Blumenstöcke, besonders rote Rosen sind beliebt, auch Äpfel oder andere Obstsorten. Ein Wiesen-/Bach-Wesen, das sich in einem Haus eingenistet hatte, war nur zum Auszug zu bewegen, als ich ihm versprach, einen wunderschönen grünen Frosch aus Keramik aufzustellen.

Ein originelles Geschenk wollte ein Rebstock-Wesen, und zwar ein Bild von Dürers betenden Händen. Bei diesem Wunsch fragte ich natürlich sofort: „Verstehst du als Wesen etwas von der Kunst der Menschen?“ „Nein“, war die Antwort, „aber beim Nachbar im Haus hängt so ein Bild und das gefällt mir.“

Ein Sumpf-Wesen wollte zwei Glas Wasser, und die stellten wir auch auf den Tisch. Einige Tage später rief mich die Frau an und sagte, ich solle doch nochmals vorbeikommen, sie hätte etwas zu zeigen. Als ich kam, standen immer noch die beiden Gläser mit dem Wasser auf dem Tisch. Nur in dem einen Glas stiegen seit Tagen winzigkleine Luftblasen auf, während in dem anderen alles still blieb. In beiden Gläsern war aber das gleiche Wasser.

… noch ein Erlebnis

Ein Bekannter bat mich, mit ihm in sein altes Ferienhaus zu fahren, das früher ein Bauernhaus gewesen war. Er sagte mir wörtlich: „Komm mit und hilf mir, in meinem Haus spukt es.“

Wir fuhren in sein Wochenendhaus, das sehr malerisch auf einem

Hügel liegt, gingen hinein und sogleich hatte ich ein „komisches" Gefühl. Irgendetwas stimmte auch hier nicht. Ich setzte mich in einen Sessel, ging in Trance, sagte noch meinen Namen. Weiter kam ich nicht, eine tiefe Stimme sagte voller Empörung: „Nein, nicht du schon wieder!" Ich konnte nicht weitermachen, brach die Trance ab und musste erst einmal herzlich lachen.

So bekannt war ich schon in Kreisen der Wesen und Verstorbenen, dass ich nur meinen Namen nennen musste, und schon ging alles ganz einfach.

Positive – und negative Energien

Wie entstehen und wie wirken Energien?

Jetzt ist es an der Zeit, etwas über Energien *zu schreiben.*

Es gibt positive und negative Energien. Schon im Mittelalter kannte man das Phänomen, denn in alten Kirchen wurde grundsätzlich der Altar auf einen Platz mit positiver Energie gestellt.

Bei meinen Besuchen alter Kirchen habe ich das nachgeprüft und war einmal ganz überrascht, dass die positive Energie seitlich verlief. Das interessierte mich, und ich las in einer kleinen Broschüre (die ja meistens in Kirchen aufliegen) nach. Und was stand da? – Dass die Kirche niedergebrannt und später wieder aufgebaut worden war, aber nicht mehr am gleichen Platz, sondern ein paar Meter weiter südlicher.

Diese Energien haben absolut nichts mit Wasseradern oder Ähnlichem zu tun und können daher auch nicht mit den üblichen Wünschelruten gefunden werden.

Es kommt sehr oft vor, dass ich sozusagen als „Letzte" gerufen werde, weil alle anderen Maßnahmen versagt haben. Was wird den Hilfe suchenden Menschen nicht alles verkauft, angefangen von Kupferdecken, Magneten, Spiralen aus buntem Papier bis zum Weihrauch.

Das alles hilft aber absolut nichts, weder bei Wesen noch bei negativen Energien. Leider hilft hier auch kein Beten.

Über diese Energien weiß die Menschheit noch viel zu wenig. Das Einzige, was man weiß, ist, dass es Kraftplätze in der Natur gibt, und die sind nichts anderes als positive Energieplätze.

Negative Energien können den Menschen so stark beeinflussen, dass Krankheiten entstehen. Besonders dann, wenn sich eine solche Energie im Schlafzimmer, unter dem Bett befindet. In Kinderzimmern macht sich das oft dadurch bemerkbar, dass sich entweder das Kind nicht in seinem Zimmer aufhalten möchte oder dass es sich nervös und unruhig verhält. Sozusagen ein Zappelphilipp ist.

Zum Aufspüren der Energien brauche ich keine Geräte, dafür nehme ich meine Hände, die auf diese Strahlungen sehr intensiv reagieren. Als Kind konnte ich, sobald meine Hände ins warme bzw. heiße Wasser kamen, eine hauchdünne Schicht der Haut regelrecht abziehen. Diese Häutung trat über mehrere Jahre hindurch auf. Die Innenhaut meiner Handflächen wurde dadurch immer dünner und empfindlicher. Vorstellen kann man sich das so: Die Handflächen mit flüssigem Gummi bestreichen und diese dünne Schicht dann wieder abziehen. Mit achtzehn Jahren waren meine Hände außen normal, aber innen sahen sie sehr alt und abgearbeitet aus. Ich machte öfter den Spaß und zeigte die Innenflächen meiner Hände vor, mit dem Kommentar, dass ich sehr viel arbeiten musste, was aber so nicht stimmte.

Starke negative Energien im Schlafzimmer

Es war außerhalb eines Dorfes, ein idyllisch gelegenes, kleineres Haus mit Garten und Garage. Die Frau lebte allein und war wegen schwerer Depressionen und Alpträume in ärztlicher Behandlung.

Was war geschehen? Es fing damit an, dass die Frau Nacht für Nacht schreckliche Alpträume hatte. Sie träumte, sie würde mit einem Beil umgebracht. Sie wusste aber nicht, von wem und warum. Diese Träume waren so schrecklich, dass an ein Weiterschlafen nicht zu denken war, und dadurch war die Frau morgens nicht mehr in der Lage, arbeiten zu gehen. Der aufgesuchte Arzt verordnete Medikamente, was aber zu keiner Besserung führte. Daraufhin wurde diese arme Frau in die Psychiatrie eingeliefert. Was sollten die Ärzte da schon viel helfen können, die Frau wurde mit Medikamenten „ruhig gestellt". In der Anstalt hörten zwar die Alpträume auf, was aber blieb, war eine große Angst. Nach mehreren Monaten wurde die Frau entlassen, die Medikamente sollten auf jeden Fall weiter genommen werden.

Als ich die arme Frau kennen lernte, war sie total ängstlich und konnte nicht einmal auf einen Stuhl klettern, obwohl sie erst vierzig Jahre alt war. Die Alpträume kamen wieder, als sie in ihrem Bett schlief, dadurch war die Frau stark selbstmordgefährdet. In diesem bedauernswerten Zustand bekam sie Hilfe dadurch, dass Bekannte ihr meine Telefonnummer gaben. Als ich das Haus betrat, spürte ich sofort, hier kam eine Menge Arbeit auf mich zu.

Ich ging dann durch alle Zimmer ganz langsam bis zum Schlafzimmer und fand direkt unter dem Kopfteil des Bettes eine negative Energie. Gerade im Schlafzimmer ist es wichtig, dass Ruhe und eine gute Atmosphäre herrschen, damit der Mensch sich in der Nacht regenerieren kann. Was in diesem Fall ja unmöglich war.

Um zu demonstrieren, wie stark eine solche Energie ist, mache ich Folgendes: Alle Fenster und Türen werden geschlossen und eine ganz gewöhnliche Kerze angezündet. Sobald man die Kerze direkt über die negative Energie hält, legt sich der Docht um und das Wachs rinnt schnell nach unten. Sobald man die Kerze nur wenige Zentimeter aus der negativen Energie nimmt, brennt sie ganz normal.

Im Schlafzimmer der Frau war die negative Energie besonders schlimm, die Kerze ging aus. Ich war sehr überrascht, zündete die Kerze wieder an und sie ging wieder aus. Daraufhin bat ich um eine andere Kerze, da ich annahm, dass der Docht nicht in Ordnung war. Auch die neue Kerze erlosch sofort nach dem Anzünden.

Negative Energien geben natürlich auch viel an Strahlung in den Raum ab. Das hat wiederum Auswirkungen, denn Negatives zieht Negatives an.

So war es auch hier, ein Wesen befand sich noch zusätzlich im Schlafzimmer. Meine Arbeit begann mit dem Vertreiben des Wesens. Als diese Arbeit getan war, konnte ich mich dem Umleiten der negativen Energie widmen.

Es kommt immer vor, dass sich Wesen in der Nacht verabschieden. Darauf bereite ich meine Kunden vor, damit sie Bescheid wissen, wenn es in der Nacht knallt oder rumpelt. Meistens knallen Türen, die verschlossen sind.

So auch bei dieser Frau. In der Nacht knallte die fest geschlossene Kellertür. Auch bei mir zu Hause knallte die Tür zum Gästezimmer. Ich wusste sofort, dass sich mit diesem Geräusch ein Wesen verabschiedete. Was ich erst am Morgen bemerkte, war, dass die Tür zum Gästezimmer gar nicht knallen konnte, ich hatte den großen Teppich am Abend zusammengerollt zwischen der offenen Tür liegen lassen. Am frühen Morgen läutete mein Telefon. Die Frau teilte mir mit, dass ihre Kellertür in der Nacht zugeschlagen wurde, worauf ich lachend sagte: „meine Tür auch“. Mit der Gesundheit ging es schnell bergauf, die Frau konnte wieder arbeiten gehen. Die Alpträume und Depressionen sind bis heute verschwunden.

Was mich auch noch freute: Ein paar Tage später kam ein Anruf, dass auch die Angst verschwunden und die Frau sogar auf das Dach ihrer Garage gestiegen war, um etwas zu reparieren.

Negative Energien stören einen Behinderten

Bei diesem Fall war ich besonders glücklich, dass ich helfen konnte. Die Mutter eines jungen Mannes rief mich zu sich und berichtete Folgendes: Ihr Sohn war seit seiner Geburt geistig behindert, aber immer harmlos, freundlich und hilfsbereit. Dieses habe sich schlagartig geändert, der Sohn wurde gefährlich, er bedrohte seine Mutter mit einem Messer. So konnte es nicht weitergehen, wenn sich das nicht ändert, sollte der Sohn in ein Heim.

Als ich die Wohnung betrat, empfing mich eine kühle Strömung. Die Frau führte mich erst einmal ins Wohnzimmer und bat mich, im Sessel Platz zu nehmen. Ich ging auf den Sessel zu, setzte mich aber dann in einen anderen Sessel. „Warum setzen Sie sich nicht in diesen Sessel?“ „Da sitzt schon jemand“, sagte ich. Und so war es auch, ein Verstorbener war noch da. „Um den werde ich mich später kümmern“, sagte ich, „dringender ist doch das Zimmer des Sohnes.“ Der Sohn war bei Bekannten und so konnte ich in Ruhe das ganze Zimmer untersuchen. Unter dem Bett, direkt am Kopfteil verlief eine starke negative Energie. Was das für einen geistig Behinderten bedeutet, kann sich jeder denken. Statt sich nachts zu regenerieren, wurde der junge Mann mit negativen Energien aufgeladen und bösartig. Aber wieso auf einmal, es war doch bisher alles in Ordnung gewesen? Auf meine Frage, ob in dem Zimmer etwas verändert wurde, teilte mir die Mutter mit, dass der Sohn neue Möbel bekommen habe.

Ich stellte aber bald fest, dass die neuen Möbel auf gar keinen Fall die Ursache waren. Nach einigen Fragen meinerseits stellte sich heraus, dass nicht nur der Schrank auf einem anderen Platz stand als früher, sondern auch das Bett. Das erklärte nun die Veränderung im Wesen dieses jungen Mannes. Am nächsten Tag kam der Tischler, das Bett und der Schrank wurden umgestellt, wieder so, wie sie vorher gestanden hatten. Die negative Energie wurde von mir umgeleitet, so dass das Zimmer wieder völlig frei davon war. Der geistig behinderte junge Mann schlief wieder gut und hat seit dieser Zeit keine aggressiven Anfälle mehr.

Der Verstorbene, der noch im Wohnzimmer dieser Frau anwesend war, ließ sich nicht so einfach ins Licht schicken, er „spielte“ noch etwas mit mir. Als ich ihn bat, ins Licht zu gehen, verschwand er sogleich, aber dies kam mir komisch vor und so suchte ich ihn. Wo war er? Zuerst war er in der Abstellkammer. „Was sollte das?“, fragte ich, doch er gab keine Antwort und verschwand aus der Abstellkammer.

Von dort ging er in die Küche und setzte sich auf den Schrank. (Eine solche Aktion ist bei Verstorbenen möglich, sie können sich blitzschnell hinauf und hinunter bewegen.) Ich bemerkte zuerst nichts. Ich stand mit der Frau in der Küche und sie kochte Tee. Auf einmal traf mich ein heftiger Schlag. Was war geschehen?

Der Verstorbene versuchte, vom Schrank auf meine Schulter zu steigen. Das war zu viel für mich, mit lauter Stimme befahl ich ihm, s o f o r t zu gehen. Es war eine nicht ganz ungefährliche Situation und nur dadurch, dass ich oft mit Verstorbenen Kontakt habe, konnte ich mich hier durchsetzen. Als der Verstorbene meine resolute Art bemerkte, bat er um Hilfe und ich begleitete ihn ins Licht.

Nicht immer gehorchen Verstorbene und gehen sofort ins Licht, manchmal muss ich viel reden und überzeugen.

Energien sogar im Hochhaus

Die Meinung vieler Menschen ist, dass „nur" in alten Häusern solche Erscheinungen anzutreffen sind. Dem ist nicht so. Ich hatte einen Fall, der ereignete sich im zwölften Stock eines Hochhauses.

Auf sehr viele Dinge muss ich schon vorher achten, so z.B.: Wie verläuft das Telefongespräch mit dem Hilfesuchenden, wird das Gespräch unterbrochen? Finde ich den Weg, der mir ja meistens sehr gut erklärt wird, sofort oder fahre ich im Kreis? Bei einer Fahrt über die Autobahn wurde ein Stein auf das Fenster meines Autos geschleudert und die Scheibe hatte ein Loch. Durch all diese Dinge, die mir „vorher" passieren, kann ich mich auf das, was da kommt, einstellen. Dafür bin ich dankbar und gar nicht böse.

Auf dem Weg zum Hochhaus war alles glatt verlaufen, ich war frohen Mutes, dass es nicht allzu schlimm werden würde. Aber dem war nicht so. Ich blieb im Aufzug stecken, auf eine ganz ungewöhnliche Art. Der Aufzug fuhr bis in den zwölften Stock. Dort angekommen, öffnete sich die Tür und ging sofort wieder zu. Was sollte das? Ich drückte auf einige Knöpfe, nichts tat sich, auch der Klingelknopf funktionierte nicht. Daraufhin schob ich mit Gewalt die Aufzugstür auf und drückte mich durch einen schmalen Spalt hindurch. Vor dem Aufzug standen einige Personen, die hinunterfahren wollten, auch die Frau, die auf mich wartete. Alle waren in Erregung, was war los? So etwas hatte sich bei diesem Aufzug noch nie ereignet. Die Servicefirma musste gerufen werden. Nun war mir klar, in dieser Wohnung erwartete mich einiges. Und so war es auch.

Durch die halbe Wohnung verlief eine negative Energie und im Schlafzimmer erwarteten mich einige Verstorbene. Ich machte mich an die Arbeit, die negative Energie wurde umgepolt. Das war verhältnismäßig noch leicht. Schwierigkeiten bereiteten die Verstorbenen, die nicht aus dieser Wohnung wollten. Erst durch intensives Lüften der Wohnung (und das im zwölften Stock) und gutes Zureden gelang es mir, die Verstorbenen ins Licht zu schicken.

Zu dem Lüften möchte ich noch Folgendes sagen: Besonders gerne halten sich Verstorbene in Räumen auf, die schlecht gelüftet, möglichst dunkel und ruhig sind. Ich komme immer wieder zu Kunden, wo die Oma gestorben, aber immer noch da ist. Wieso dies? Das Zimmer der Oma ist noch genau in demselben Zustand wie früher. Die Vorhänge sind zugezogen, die Kleider noch im Schrank und gelüftet wurde auch nicht. In einer solchen Atmosphäre fühlen sich die Verstorbenen wohl und bleiben da.

Quer durch das Kinderzimmer

An diesen Einsatz erinnere ich mich besonders gerne, denn ich konnte einer Familie helfen: Im Kinderzimmer waren negative Energien. Es war ein großer heller und freundlicher Raum, und an der Wand standen die beiden Betten der Kinder. Der Junge war 10 Jahre und das Mädchen war 6 Jahre alt. Besonders der Junge war sehr unruhig in der Nacht, aber auch am Tag kam er nicht zur Ruhe. Keines der beiden Kinder wollte sich länger als nötig in diesem Zimmer aufhalten, selbst die schönsten Spielsachen wurden sofort ins Wohnzimmer getragen, wo dann gespielt wurde. Dieses Mal hatte mich der Vater der Kinder zu sich gebeten, wir kannten uns schon von einem sehr schweren Fall her: Er war dabei gewesen, als eine junge Frau zu mir gebracht wurde, die von einem Wesen besetzt war. Aber davon später.

Wie immer ging ich durch die ganze Wohnung, in alle Räume und zum Schluss ins Kinderzimmer. Dort fand ich sehr schnell eine negative Energie, die quer durch das Zimmer verlief. Das Bett des Jungen stand mit dem Kopfende direkt in der Strahlung. Ein Umstellen der Betten und der Möbel war nicht möglich, da alles vom Tischler fest eingebaut war.

Also machte ich mich an die Arbeit, die Energie umzuleiten, und zwar aus dem Haus heraus. Ich war mitten bei der Arbeit, als der Großvater der Kinder kam. Er wohnte unten im Haus und war neugierig geworden, was ich so machte. Voller Skepsis sah er mir zu. Und da man skeptische Männer nur mit Tatsachen überzeugen kann, bat ich um eine Kerze. Diese zündete ich an und stellte sie auf den Boden. Dann bat ich den Großvater, doch alle Türen und Fenster zu schließen und sich neben mich auf den Boden zu setzen. Etwas ungläubig sah er mich an, setzte sich dann aber doch.

Ganz langsam schob ich nun die Kerze in die negative Strahlung. Was geschah? Der Docht legte sich um und das Wachs rann ganz schnell die Kerze entlang. Daraufhin schob ich die Kerze wieder ganz langsam aus der Strahlung. Der ungläubige Blick des Mannes sagte genug, und so bat ich ihn, doch selbst die Kerze hin und her zu schieben. Als sich dasselbe bei ihm wiederholte, glaubte er mir endlich.

Nachdem ich meine Arbeit getan habe, ist es wichtig, dass ich nicht gleich gehe, sondern nach einer gewissen Zeit nochmals alles kontrolliere. So war es auch hier. Wir Erwachsene setzten uns ins Wohnzimmer, die Kinder spielten das erste Mal seit langem in ihrem Zimmer.

Der Großvater hatte seine ganze Skepsis abgelegt und erzählte, dass es in seinem Keller unheimlich wäre. Alle im Haus bestätigten das, die Frauen gingen schon gar nicht mehr allein in den Keller. Nun gut, ich war ja da, also gingen wir, gemeinsam in den Keller. Das Haus selbst war erst vor zwanzig Jahren gebaut worden, aber der Keller war uralt. Hier Stand mit großer Wahrscheinlichkeit früher ein anderes Gebäude. Ich versetzte mich in den Alphazustand und bekam auch gleich ein Bild. Ich sah eine Kirche mit angebautem Gebäude, darunter den Keller. Auf meine Frage, ob jemand da sei, bekam ich nach langem Zögern ein ganz leises Ja. Zuerst sah ich nur einen Mann, dann waren es insgesamt aber vier. „Wer seid ihr?", fragte ich. „Wir arbeiten hier", erwiderten sie. Das kam mir sehr komisch vor, denn die Männer mit ihrer Kleidung passten nicht in unsere Zeit.

Hier ist die Geschichte der Männer aus dem 19. Jahrhundert: Es befand sich damals, wie ich gesehen hatte, eine katholische Kirche neben dem jetzigen Haus. Da, wo heute das Haus steht, war früher ein Anbau mit Kellergewölbe gewesen. Wenn in der damaligen Zeit ein Mensch nicht zu Hause verstorben war, wurde er erst einmal in diesen Anbau gelegt. Dann kam er in den Sarg und erst anschließend wurde er aufgebahrt. Auch Fremde, die in dem kleinen Ort gearbeitet hatten und verstorben waren, kamen direkt in den Anbau.

Doch zurück zu den Verstorbenen, die sich im Keller befanden: Sie hatten während ihres Lebens als Leichenträger gearbeitet und waren zu Dieben geworden. Sie erzählten, dass sie so manche Leiche nach Schmuck und vor allem nach Geld durchsuchten und auch einiges fanden. Dass sie das nicht durften und sich durch diese Handlungen schuldig gemacht hatten, war ihnen klar. Nach ihrem Tod waren sie einfach in den Keller „gezogen", immer einer nach dem anderen, so wie sie starben.

Ich bat darum, mich allein zu lassen, was der Großvater und das Ehepaar auch gerne taten. Dann sprach ich mit den Verstorbenen über das Licht und über die Vergebung der Sünden. Es dauerte lange, aber dann endlich gingen alle vier ins Licht.

Der Großvater überprüfte meine Angaben. Er ging auf das Pfarramt und bat um die Pläne der früheren Kirche. Und siehe da: Alles stimmte. Die Kirche hatte genau da gestanden, wo ich sie sah. Auch das mit dem Anbau stimmte. Die alte Kirche war durch einen Brand eingestürzt und die Bewohner des Dorfes hatten stattdessen auf einem anderen Platz eine sehr schöne Wallfahrtskirche gebaut. Seit Beginn des 20. Jahrhunderts steht diese neu erbaute Kirche auf diesem anderen Platz, und zwar auf einer kleinen Anhöhe.

Kobolde und andere kleine Kerle

Kobolde sind Wesen, die den Menschen gerne ärgern oder irgendeinen Schabernack ausführen. Ich habe seit meiner Kindheit die Gabe, Kobolde zu sehen und kann auch mit ihnen sprechen. Lustig anzusehen sind sie. Die kleinen Kerle sehen ähnlich wie Gnome aus. Sie lieben alles, was glitzert oder leuchtet. Das führt meistens dazu, dass ganz plötzlich Ohrringe, Anhänger, Ringe, Armbänder, Schlüssel oder sonstige glitzernde Dinge fehlen. Am schnellsten und einfachsten bekommt man seine Sachen zurück, indem man laut ruft: „Sofort will ich meine Schlüssel (oder sonstiges) wiederhaben!" Dazu muss man sich allerdings umdrehen – oder noch besser ist es, aus dem Zimmer zu gehen. Nach ein paar Minuten sind die verschwundenen Dinge wieder da.

In einer Wohnung haben Kobolde Schmuck, aber auch kleine Teller versteckt, und was ich bisher noch nie erlebt hatte: sogar einen sehr kleinen Tisch von der Wand weggeschoben. Diesen kleinen Gesellen befahl ich zwar zu gehen, aber am nächsten Tag waren sie wieder da. Das ging einige Tage so, bis ich darauf kam, dass die Kobolde immer, wenn ich sie wegschickte, in die Nachbarwohnung gingen. Nun, als ich das erkannte, traf ich bestimmte Maßnahmen, und die Kobolde waren für immer weg.

In meinem Haus selbst hatte ich keine Kobolde, allerdings waren im Garten mehrere davon. Streiche haben sie mir nie gespielt, im Gegenteil, sie waren immer hilfreich. Jedes Jahr im Herbst bedanke ich mich bei den Kobolden und Wesen im Garten. Ich stelle unter den Bäumen Kerzen auf, die mehrere Tage brennen und bedanke mich so für das Wachsen und Gedeihen der Bäume und Pflanzen. Aber nicht nur den Kobolden gilt mein Dank, sondern auch den anderen Helfern, den Wurzelmännchen.

Glitzernde Dinge versteckt

Da ich ja diese kleinen Kerle liebe, freue ich mich immer, wenn ich zu einem solchen Fall gerufen werde. Eine Frau rief mich an und fragte, ob es möglich wäre, dass Kobolde auch größere Dinge verstecken. Ich bejahte und wurde gebeten, doch in ihr Haus zu kommen, der Haussegen hänge schief.

Der Ehemann hatte wie schon öfter, da die Familie auf dem Land wohnte, Glühbirnen in großen Mengen eingekauft. Als er nun welche brauchte, waren keine vorhanden. So kam es zu Streitereien, da es im Übrigen öfter vorkam, dass in diesem Haus etwas fehlte. Die Frau war ganz verzweifelt, als sie mich anrief. Von Kobolden hatte sie schon gehört, auch dass sie glitzernde Dinge wie Schmuck und Schlüssel versteckten – aber Glühbirnen? Die waren doch viel zu groß.

In dem Gespräch mit der Frau wurde zuerst einmal geklärt, wo die Glühbirnen lagen. Der Mann war arbeiten. Er hatte kein Verständnis dafür, dass hier Kobolde am Werk sein sollten. Er meinte nur, seine Frau sollte endlich Ordnung machen.

Die Frau zeigte mir eine leere Schublade, in der immer die Glühbirnen lagen. Ich sprach mit dem Kobold und bat um die Rückgabe der Glühbirnen. Da wir nun etwas warten mussten, gingen wir in die Küche und die Frau kochte Tee.

Nach einer halben Stunde öffnete ich die Schublade und alle Glühbirnen waren wieder da. Für mich etwas ganz Natürliches, die Frau aber war überrascht und konnte es nicht fassen.

Von dem Kobold hatte die Frau nun genug und sie bat mich, ihm zu sagen, er solle sich ein anderes Haus suchen. Das habe ich auch getan. Der Kobold bat mich darauf, ihn doch zum Fenster zu tragen. Da alles so einfach gegangen war, ohne große Mühe, war ich auch bereit, ihn aus dem Fenster zu heben. Ganz unverhofft sprang dieser Kobold in meine Arme und ich fiel fast auf den Boden, so schwer hatte er sich gemacht. Das konnte mir nur passieren, weil ich mal wieder nicht vorsichtig genug war.

Seit dieser Zeit, da der Kobold weg ist, sind alle Dinge wieder auf ihrem Platz, auch die Glühbirnen, und Ruhe und Frieden sind in dem Haus eingekehrt.

Kobolde gehören in die Natur zu Bäumen und Sträuchern, und dort sollten sie sich auch aufhalten.

Kobold schaukelt auf der Lampe

Eine junge Studentin rief mich an, ich solle doch einmal bei ihr vorbeikommen. Sie hatte von ihrer Mutter gehört, dass ich mich mit übersinnlichen Wahrnehmungen befasse. Ich kam also in die kleine Studentenwohnung und wurde gebeten, Platz zu nehmen und eine Tasse Tee zu trinken. Das taten wir dann beide auch und redeten eine ganze Zeit lang über das Thema Uni und Studium. Noch immer wusste ich nicht, was in der Wohnung los sein sollte. Es war schon gut eine Stunde vergangen, als sich plötzlich ohne Grund die Pendelleuchte bewegte.

Das Fenster war geschlossen, wir beide saßen ruhig am Tisch, doch die japanische Pendelleuchte aus Pergament bewegte sich hin und her. Ich sah hoch, musste lachen und fragte: „Haben Sie mich wegen der Lampe gerufen?“ Die junge Studentin bejahte meine Frage und ich sagte ihr lachend: „Oben auf der Lampe sitzt ein kleiner Kobold!“ Das war es also, der Kobold erschreckte mit seiner Schaukelei die Freunde der Studentin und sie wollte den kleinen Kerl loswerden. Was tun mit ihm?

Da kam mir eine Idee. Vis-a-vis der Wohnung lag ein kleiner Park und ich schlug dem Kobold vor, sich doch in diesem Park einen Baum zu suchen. Nach einigem Zögern, ich zeigte ihm durch das Fenster die einzelnen Bäume, willigte er ein. Gut, das war geklärt, aber wie kam der Kobold in den Park? Da machte der kleine Kerl den Vorschlag, ihn in einen Eimer zu setzen, zuzudecken und in den Park unter einen ganz bestimmten Baum zu tragen, den er mir gezeigt hatte.

Inzwischen klingelte es an der Tür, und die Mutter der Studentin kam. Sie kannte mich, denn auch bei ihr war ich schon in der Wohnung gewesen und hatte einen Verstorbenen ins Licht geschickt. Wir erzählten nun von dem Kobold und seiner Bitte, ihn in einem Eimer in den Park zu tragen. Das war kein Problem für die beiden Frauen. Schnell war ein Eimer zur Hand und der Kobold sprang von der Lampe direkt in ihn hinein. Ich deckte ihn zu, und dann gingen wir drei Frauen in Richtung Park. Wir mussten die ganze Zeit lachen, weil wir uns vorstellten, wie uns vielleicht jemand beobachtete. Unter dem Baum angekommen, kippte ich vorsichtig den Eimer um und der Kobold kletterte blitzschnell auf den Baum. Oben setzte er sich auf einen Ast, bedankte sich und kicherte vor sich hin.

Ein Kobold im Blumengeschäft

Eine sehr lustige Geschichte erlebte ich in einem Blumengeschäft. Die Inhaberin hatte mich gerufen, weil öfter am Morgen ein Blumentopf umgekippt war und auch sonst allerlei Unerklärliches passierte. So hatte sie festgestellt, dass sich am Ende des großen Raumes keine Kunden aufhielten und auch nicht die dort aufgestellten Blumen betrachteten.

Ich ging langsam durch das ganze Blumengeschäft und hörte auf einmal, zwar leise, aber deutlich ein „Hallo“. Auf meine übliche Frage: „Wer ist denn da?“, kam die Antwort: „Ich sitze doch hier in der Ecke, siehst du mich nicht?“. Ein Kobold war's, der da saß und grinste. „Warum bist du hier im Blumengeschäft und nicht in der freien Natur?“, fragte ich und bekam sofort zur Antwort: „Hier ist es doch viel schöner, hier blühen immer die Blumen.“ Der Kobold wollte und wollte nicht nach draußen, ich bemühte mich, aber es war zwecklos. „Gut“, sagte ich, „dann schließen wir einen Kompromiss. Du bleibst hier, aber du stellst nichts mehr an. Keine Blumentöpfe umwerfen, keine Pflanzen auszupfen, alles was du bisher hier gemacht hast, lässt du bleiben.“ Er dachte eine Weile nach, dann sagte er: „Dafür bekomme ich aber ein richtiges Haus für mich ganz allein.“ Nach Rücksprache mit der Inhaberin des Blumengeschäftes versprachen wir dem Kobold, ihm seinen Wunsch zu erfüllen.

Wo nimmt man ein Haus für einen Kobold her? Wir suchten die ganzen Räume nach etwas Passendem ab und fanden ein Vogelhaus. Es wurde sauber gemacht und dem Kobold gezeigt. Der war hellauf begeistert, allerdings wollte er noch zusätzlich in das Haus ein schönes warmes Bett haben. Also besorgten wir noch ein kleines wollenes Tuch, das in das Haus gelegt wurde. Vor das Haus wollte er auch noch eine kleine Grünpflanze haben, auch dieser Wunsch wurde ihm erfüllt. Das Haus stellte die Inhaberin sehr schön und dekorativ in eine Ecke, und ich gab ihr den Rat, dass sie ruhig mit dem Kobold sprechen sollte, auch wenn sie ihn selbst nicht verstand. Ein Gruß am Morgen und am Abend würde ihn verträglich stimmen.

Ein paar Tage hörte ich nichts von dem Kobold im Blumengeschäft, dann rief mich die Frau an und sagte, ich sollte doch schnell kommen, irgendetwas stimme nicht. Was war geschehen? Ich kam in das Geschäft, ging in die Ecke zu dem kleinen Haus und sah, dass viele neue Kobolde da waren. Auf meine Frage: „Was wollt ihr denn alle hier?“, bekam ich zur Antwort: „Wir wollen auch so ein Haus.“. Da musste ich erst einmal herzlich lachen, hatten wir doch einem Kobold Quartier gewährt und jetzt wollten so viele andere auch ein Haus. Nun hatte ich zu tun. Ich musste den Kobolden klar machen, dass das so nicht ging. Einer ja, viele aber nicht. Ganz vorsichtig, damit ich ja keinen kränkte, erklärte ich den Kobolden, dass sie alle gehen müssten. Vorsichtig deshalb, weil wenn sie gekränkt oder verärgert werden, die Gefahr besteht, dass sie nächtliche Verwüstungen anrichten. Es dauerte Stunden, bis sie damit einverstanden waren und alle gingen, bis auf den Ersten, der blieb da.

Wir beobachteten natürlich sehr genau die nächsten Tage, was sich so tat. Interessanterweise stellte die Inhaberin fest, dass Kunden nun wieder bis ans Ende des Raumes gingen und sich auch von dort Blumenstöcke aussuchten, was früher nicht der Fall gewesen war.

Der kleine Kobold lebt bis heute in dem gut florierenden Geschäft.

Eine unsichtbare Wand

In dieses Haus wurde ich gerufen, weil der Familie irgendetwas komisch vorkam: Es gab Geräusche in der Nacht und die Eheleute stritten sich öfter.

Ich betrat das Haus. Alles ging sehr gut bis zum Wohnzimmer, da verlief mitten durch den Raum eine unsichtbare Wand. Zuerst dachte das Ehepaar, irgendetwas wäre mit dem alten geerbten Schrank, doch der war völlig in Ordnung. Gespürt hatte niemand diese unsichtbare Wand, aber keiner von den Erwachsenen, noch die Kinder wollten sich im Wohnzimmer aufhalten.

Ich nahm Kontakt auf und fragte wie üblich, wer da sei. Ganz überrascht war ich, als ich merkte, dass ich es mit mehreren kleinen Wesen zu tun hatte. Die kleinen Wesen waren schon seit vielen Jahren in der alten Villa und fühlten sich wie die Besitzer. Auf gar keinen Fall waren sie zunächst bereit, das Feld zu räumen und irgendwoanders hinzugehen. Es half kein Bitten meinerseits, auch die schönsten Angebote wie Äpfel, Brot, Blumen wurden ausgeschlagen. Auf ihre Frage, warum sie denn das Haus räumen sollten, sie seien doch schon so lange hier und da sollten doch die jetzigen Besitzer gehen, hatte ich keine Antwort. Ich versuchte es immer wieder und erzählte ihnen von den Schönheiten der Welt, erzählte, was es da draußen Interessantes gäbe.

Die Diskussion zog sich nun schon eine ganze Zeit in die Länge. Ich wusste nicht weiter. Da kam plötzlich von einem der kleinen Wesen die Lösung: „Wir wollen ein schönes rundes silbernes Tablett und darauf viele bunte kleine Wichtel."

„Bunte Wichtel", fragte ich, „was soll denn das sein?"

Da bekam ich die Erklärung: „Die Kinder hier essen die immer, die sind so schön bunt."

Da kam mir die Erleuchtung: Gummibären wollten die Kobolde haben. Also rissen wir eine Tüte Gummibären auf und verteilten diese auf einem silbernen Tablett. Dieses Tablett stellten wir über Nacht auf den Tisch im Wohnzimmer. Da ich nicht wollte, dass die Kinder diese Bärchen aßen, bat ich die Eltern, am nächsten Morgen das Tablett wegzuräumen. Doch da hatten wir sozusagen die Rechnung ohne den Wirt gemacht, die kleinen Kerlchen waren immer noch da. Also stellten die Erwachsenen jede Nacht das Tablett mit den Bärchen auf den Wohnzimmertisch und am Morgen wurde es wegen der Kinder weggeräumt. Nach einer Woche endlich waren die kleinen Wesen gegangen.

Schwarze Magie

Das war einer meiner schwierigsten Fälle, weil Schwarze Magie mit im Spiel war. Als ich in das Haus gerufen wurde, waren die beiden Eheleute schon länger krank. Eine genaue Diagnose konnte nicht gestellt werden, die Ärzte machen es sich da einfach und sagen, es sind Depressionen psychischer Art.

Da ich nicht wusste, was mich erwartete, wollte ich voller Elan in das Haus eintreten, doch das war unmöglich. Ich rannte gegen eine unsichtbare Wand. Hoppla, sagte ich zu mir, da erwartet dich ja etwas ganz Besonderes... Und dem war auch so. Ich nahm regelrecht Anlauf, drang in den Flur ein und schon hatte ich wieder ein Hindernis vor mir, ich konnte nicht ins Wohnzimmer. Fast bei jedem Raum erging es mir so, außer in der Küche und im Badezimmer. Da der Keller ausgebaut war, gingen wir auch dahin.

Ein Raum war als Hobbyraum eingerichtet, hier bekam ich fast keine Luft mehr. Irgendetwas nahm mir regelrecht den Atem. Der Hausherr ging voran und öffnete die Türen. So auch bei der nächsten Tür, der Tür zu einem Bunker, der vor ein paar Jahren beim Bau des Hauses noch von der Regierung verlangt worden war. In dem Bunker waren weder Fenster noch irgendwelche Belüftungen, trotzdem konnte ich hier das erste Mal wieder richtig durchatmen.

Für die Eheleute (die mich ja nicht kannten) musste es sehr komisch gewirkt haben, als ich im Bunker tief Luft holte und sagte, dass ich hier richtig durchatmen könne. Dann ging die Tour durch das Haus weiter, vom Keller zurück ins Parterre und dann hinauf zu den Schlafräumen der Eltern und Kinder.

Nach dem Rundgang war ich erschöpft. Irgendetwas hatte mir viel Energie geraubt, sodass ich das Haus schnell verließ und mich im Garten auf eine Bank setzte. So etwas hatte ich noch nicht erlebt, was war bloß los in diesem Haus und wie konnten die Menschen hier über Jahre hinweg leben? Das Ehepaar setzte sich zu mir und erzählte von seinen Kindern. Der Junge hatte in der Schule Bekanntschaft mit Schwarzer Magie gemacht. Er ging dabei so weit, dass er an schwarzen Messen auf einem Friedhof teilnahm. Mit einem Schlag war mir alles klar, in dieses Haus war Schwarze Magie eingezogen.

Obwohl der Sohn inzwischen die Schule verlassen hatte, im Beruf stand und sich nicht mehr mit Schwarzer Magie beschäftigte, war das Wesen noch im Haus. Alle Bücher über Schwarze Magie hatten die Eltern verbrannt, doch das half nichts. So schnell wird man Schwarze Magie nicht mehr los. Wie heißt es in dem Gedicht vom Zauberlehrling von J.W. v. Goethe: Die Geister, die ich rief, werde ich nicht mehr los. Ich muss gestehen, Angst habe ich zwar keine vor Schwarzer Magie, aber Respekt.

Sonst muss immer ich den Kontakt herstellen, wenn es um Wesen oder Verstorbene geht. Hier war es nicht nötig, ein riesengroßes schwarzes Wesen baute sich vor mir auf und schrie mich an: „Verschwinde, aber sofort! Du hast hier nichts verloren, das Haus und die Menschen gehören mir!"

Eines war mir klar, mit meinen üblichen Methoden konnte ich hier nichts ausrichten und vor allem durfte ich den Gegner nicht unterschätzen. Selbst einen Handel konnte ich nicht vorschlagen, was sollte ich denn anbieten? Ich atmete tief durch und sagte mit energischer Stimme: „Verschwinde aus diesem Haus!"

Was ich hörte, war scheußliches Lachen, mir lief ein Schauer über den Rücken. Noch einmal holte ich tief Luft und sagte laut und deutlich: „Verschwinde aus diesem Haus!" „Gut", sagte das Wesen, „ich gehe, sage mir, wohin ich gehen soll."

Darauf war ich nicht gefasst, ich wusste keine Antwort. Wohin soll man denn schwarze Magie schicken? „Soll ich zum Nachbarn gehen?" Nein, auf keinen Fall konnte ich das zulassen. Ich war am Überlegen, aber ich fand keine Antwort.

So verging die Zeit und plötzlich sagte das Wesen: „Ich gehe mit dir nach Hause." Inzwischen hatte ich mich so weit gefangen, dass ich anfing zu lachen: „Das ist gut so, da habe *ich* etwas zu lachen, Schwarze Magie bei mir daheim, da wird es sehr lustig, aber nur für mich und nicht für dich!" Nun wurde das Wesen böse und schrie: „Ich sprenge das Haus!" Jetzt war es wichtig, Ruhe zu bewahren und so sagte ich ganz gelassen: „O.k., sprenge das Haus." Wichtig war, jetzt absolut keine Angst zu zeigen, sonst wäre nicht nur die Familie, sondern auch ich verloren gewesen. Plötzlich erschien vor meinem geistigen Auge ein Bild: Ich sah das Haus, plötzlich ein Knall, und die Wände flogen ins Freie...

Es war aber nur ein geistiges Bild, das Wesen hatte mir keine Angst machen können und plötzlich war es auf und davon. Die negative Energie hielt noch einige Wochen an, aber dann wurde es im Haus von Tag zu Tag besser.

Frau von einem Dämon besetzt

Abends läutete bei mir das Telefon und ein Bekannter (bei ihm hatte ich schon ein Wesen aus der Wohnung vertrieben) rief mich an, dass eine Freundin wahrscheinlich besetzt sei und dringend meine Hilfe brauche. Ich bat darum, dass man diese junge Frau sofort zu mir bringen solle.

Das war nicht so einfach, denn sie wehrte sich mit ungeahnten Kräften. Drei junge Männer hatten alle Hände voll zu tun, die kleine zierliche Person ins Auto und dann zu mir zu bringen. So etwas kann man sich nicht vorstellen, wenn man es noch nie erlebt hat, die besetzte Person entwickelt ungeahnte Kräfte.

Nur mit viel Mühe gelang es den Männern, die Frau aus dem Auto in mein Haus zu schleppen. Unsere Befürchtung, dass ein Nachbar die Polizei verständigen könnte, da die Frau schrecklich schrie und strampelte, trat nicht ein. Wenn Sie, liebe Leser, den Film „Der Exorzist“ gesehen haben, dann war der noch harmlos gegen das, was sich bei mir abspielte. Die junge Frau war zwanzig Jahre alt, sehr zierlich und wog nicht einmal 40 kg. Normalerweise hätte einer der Männer diese Frau halten können, aber durch die Besetzung war das nicht mehr möglich. Nicht, dass das kleine Männer gewesen wären, nein, jeder von ihnen war über 1,90 Meter und alle waren bekannte Kick-Boxer.

Das hübsche Gesicht der jungen Frau war zu einer Fratze verzogen und ihre Zunge war sehr lang und hing aus dem Mund. Hasserfüllt schaute sie mich an und beschimpfte mich fürchterlich. Ich hatte schon viel gehört in meinem Leben, aber solche Schimpfworte noch nie.

Ich musste etwas unternehmen, also atmete ich tief durch und ergriff beide Hände der Frau. Jetzt ging es erst richtig los. Eins war mir in diesem Augenblick klar: Bloß keine Angst zeigen, sonst habe ich verloren. Ich hielt weiter die beiden Hände der Frau fest und sagte mit lauter Stimme: „Verschwinde, aber sofort."

Das Wesen schrie mich an: „Die Frau gehört mir, mir ganz allein!" Der Dialog zog sich in die Länge, ich rief laufend: „Verschwinde!", und das Wesen antwortete: „Die Frau gehört mir!". Zwischendurch wurde die Frau für ein paar Minuten wieder normal, d. h. ihr Gesicht war keine Fratze mehr und sie bat mit leiser, schwacher Stimme: „Bitte hilf mir, bitte, bitte!" Kaum hatte sie um Hilfe gebeten, lachte das Wesen schon wieder aus ihr.

Ich durfte jetzt auf keinen Fall aufgeben oder die Frau loslassen. Fest hielt ich ihre beiden Arme und versuchte dem Wesen klar zu machen, dass ich der Stärkere war.

Langsam, ganz langsam spürte ich, dass die Frau immer öfter für kurze Zeit „normal" wurde und das Wesen immer weniger schrie. Die Abstände wurden größer und größer. Eine Hand konnte ich schon loslassen und ihr damit ein Glas Wasser zu trinken geben. Keiner der Anwesenden hatte Zeit gehabt auf die Uhr zu sehen. Erst jetzt, da sich die Spannung langsam löste, schaute ich nach der Uhrzeit und stellte fest, dass ich die Frau über zwei Stunden festgehalten hatte.

Nun wagten wir es, die Männer und ich, mit der Frau ins Freie zu gehen, um tief ein- und auszuatmen. Alle waren fix und fertig, wir setzten uns im Garten nieder und tranken Wasser. Inzwischen war es lange nach Mitternacht. Zwei der jungen Männer hatten vor diesem Vorfall keine Ahnung von Wesen oder Besetzungen. Beide erklärten einstimmig, dass sie diese Nacht niemals vergessen würden.

Die junge Frau war natürlich schrecklich müde und die Männer trugen sie ins Auto. Am nächsten Tag rief mich einer der Männer an, erstens um sich zu bedanken und zweitens sagte er, die junge Frau schlafe seit über zwölf Stunden.

Diese Besetzung war für alle Beteiligten gut ausgegangen.

Rückführungen

Ein paar Worte zum Thema Rückführung in frühere Leben: Eine Rückführung ist meiner Meinung nach für jeden Menschen hilfreich, wenn sie unter der fachmännischen Leitung eines Therapeuten durchgeführt wird. Nicht nur, damit man weiß, wo man schon einmal gelebt hat, wer man war, welche Talente man damals besaß. Es kann auch sein, dass man zusammen mit Menschen oder Tieren aus einem früheren Leben inkarniert.

In einer meiner Rückführungen, und zwar im Frühjahr 1991, sah ich in meinem vorherigen Leben nicht nur, wo ich gelebt hatte und wer ich war, sondern ich sah auch einen großen schwarzen Hund, der am Tag meines damaligen Todes schrecklich heulte. Mir blieb dieses Heulen noch lange in den Ohren.

Monate später, es war inzwischen November geworden, sagte ich zu meinem Sohn: „Komm, lass uns ins Tierheim fahren, holen wir uns noch einen Hund." Einen weißen Pudel mit dem schönen Namen Ferdinand hatten wir schon. Also zogen wir los ins Tierheim, um einmal zu schauen, was da so an Hunden wartete. Wir gingen von Käfig zu Käfig, aber bei keinem sprang der Funke über. Scheinbar sollte es nicht sein. Wir waren gerade dabei, uns zu verabschieden, als die Leiterin des Tierheims sagte, sie hätte da noch einen Hund. Er wäre ziemlich groß und sein Bild erscheine morgen in der Zeitung, deshalb wäre er ganz hinten eingeschlossen. Wir gingen mit der Leiterin ganz nach hinten. Dort saß voller Erwartung ein großer schwarzer Hund. Ich bückte mich zu ihm, streichelte ihm über den Kopf und fragte: „Gehst du mit uns?" Sofort stand er auf und trottete hinter uns her, rein ins Auto und auf ging es nach Hause. Der Hund suchte sich einen Platz, legte sich hin und schlief ein. Er war wieder daheim, so kam es uns vor.

Dieser Hund, den wir aus dem Tierheim geholt hatten, war ein großer schwarzer Irishwolf und er konnte herrlich heulen. Zwischen uns war sofort eine ganz große Vertrautheit. Er bekam den Namen Dorian und war mein treuester Begleiter über viele Jahre. Leider verstarb er vor ein paar Monaten.

Danke Dorian für all deine Liebe und Anhänglichkeit, ich freue mich auf ein Wiedersehen mit dir!

Es gibt so viele Ereignisse, Begebenheiten aus der „anderen Welt", die wir in unserer Zeit nicht mehr so richtig begreifen können. So kommt es zum Beispiel immer wieder vor, dass plötzlich ohne irgendwelche Ankündigungen Verstorbene bei mir auftauchen.

Es ist ganz egal, ob ich allein zu Hause sitze oder bei Bekannten eingeladen bin, plötzlich ist jemand im Raum. Ganz schlimm ist es für mich, wenn sich Kinder melden, die erst entführt und dann umgebracht wurden. Ohne jede Vorankündigung steht plötzlich so ein kleines Mädchen oder ein Junge im Zimmer, und ich weiß sofort, dass das Kind nicht mehr lebt. Die Kinder erscheinen sofort nach ihrem Tod, während noch immer nach ihnen gesucht wird. Jedes Mal stelle ich mir die Frage: Was soll ich machen? Ich kann weder die Familie noch irgendeine Zeitung benachrichtigen. Es klingt doch viel zu unglaubwürdig, wenn ich von meinen Er-

scheinungen erzähle. Und dann ist da noch die Hoffnung, dass das Kind doch noch lebend gefunden wird.

Immer diese Zweifel, was soll ich bloß tun, wie kann ich helfen?

Bergwerk-Tragödie in Lassing

Am 17. Juli 1998 geschah die große Bergwerkstragödie von Lassing. Kaum eine andere Katastrophe war mit so starker Emotion verbunden wie hier, beim Kampf um das Leben der Männer in der Tiefe des Schachtes. Zehn Kameraden waren unter Missachtung aller Gefahren hinuntergefahren, um den Verunglückten Georg Heinzl zu retten, den die Einsatzleitung bereits für tot erklärt hatte. Georg Heinzl konnte am zehnten Tag heil aus dem Dunkel des Bergwerks gerettet werden. Die zehn Kameraden aber, die ihren „Schorsch" retten wollten, wurden verschüttet.

Chronologie der Katastrophe

Am 17. Juli gegen Mittag wird bekannt, dass in Lassing ein Grubenunglück passiert ist. Mit dem Bergmann Heinzl, der dabei verunglückte, bestand bis ca. 15 Uhr noch Sprechkontakt, dann kam es zu einem erneuten Wassereinbruch und der Kontakt riss ab. Um 22 Uhr wird ein zehnköpfiger Bergungstrupp in den Schacht hinuntergelassen. Doch für diese Männer selbst kommt jede Hilfe zu spät, denn gewaltige Geröll- und Wassermassen strömen plötzlich in den Stollen ein.

Gleich am nächsten Tag beginnen die Bohrungen, von den elf Verschütteten gibt es kein Lebenszeichen. Eine Minikamera sendet

Bilder aus dem verschütteten Bergwerk, sie zeigen aber nur Schlamm und Wasser. Es wird weitergesucht bis zum 21. Juli. Da droht der Krater, der sich an der Oberfläche gebildet hat, sich noch zu vergrößern. Mehrere Häuser müssen daher evakuiert werden. Und das Schlimmste passiert: Die Bergungsmaßnahmen werden vorläufig aus Sicherheitsgründen eingestellt. Erst einen Tag später können die Rettungsmaßnahmen wieder aufgenommen werden. Inzwischen sind fünf Tage vergangen. Trotz Abhören mit hochsensiblen Mikrofonen verlaufen die Messungen negativ.

Am 24. Juli geht ein schweres Unwetter über Lassing nieder, die Rettungsarbeiten werden wieder unterbrochen. Die Überlebenschancen der Verschütteten sind praktisch auf null gesunken.

Am Samstag, dem 25. Juli, erreichen die Bohrungen den Pausenraum, in dem man Georg Heinzl vermutet. Eine in die Tiefe gelassene Kamera zeigt aber nur Bilder von Wasser, Ästen, Draht und Rohren. Die Hoffnung, Georg Heinzl oder einen anderen der zehn Verschütteten lebend zu bergen, wird „offiziell" aufgegeben. Am Sonntag wird noch ein Teil der Rettungsmannschaft abgezogen.

Nach neuneinhalb Tagen geschieht das Wunder: Georg Heinzl wird lebend geborgen. Spät am Abend hat man seine Stimme gehört und er wird weitgehend unverletzt aus dem Schacht geholt. „Danke" ist das erste Wort, das der 24-Jährige sagt, dann wird er mit dem Rettungswagen ins Krankenhaus gefahren.

Am Freitag, den 14. August 1998, zeigten weitere Bohrungen nach den anderen Verschütteten kein Ergebnis. Alles war voller Wasser – kein Lebenszeichen der zehn verschütteten Bergleute. Die Suche wurde dann endgültig eingestellt.

Am Abend der Rettung von Georg Heinzl bin ich etwas später nach Hause gekommen. Ich setzte mich auf die Couch und wollte den Tag noch einmal Revue passieren lassen. Plötzlich hatte ich das Gefühl, ein Verstorbener sei hier. Auf meine Frage, wer er sei, bekam ich zur Antwort, er sei einer der verunglückten Bergleute von Lassing. „Und was willst du hier?", fragte ich. „Wir sind alle tot, fahre doch nach Lassing und sage den Leuten, dass sie aufhören sollen, nach uns zu suchen." „Wie stellst du dir das vor? Wem soll ich dort erklären, warum sie die Rettung einstellen sollen? Glaubst du wirklich, dass ich eine Chance habe, angehört zu werden?" Und weiter: „Es ist alles wegen der Medienleute abgesperrt, wie soll ich da durchkommen und mit wem soll ich reden? Du musst einsehen, so Leid es mir tut, es ist unmöglich, dass ich hier etwas für euch tue." „Dann geh doch bitte zu meiner Frau, noch besser zu allen anderen Frauen der Verschütteten und erzähle, dass sie sich keine Hoffnungen mehr machen sollen." „Das ist auch unmöglich", sagte ich, „die Frauen stehen mit ihren Kindern stundenlang am Eingang zum Schacht, in der Hoffnung doch noch ein Lebenszeichen von euch zu bekommen. Was soll ich euren Frauen sagen? ‚Geht nach Hause, eure Männer sind tot.' Das kann ich nicht, es tut mir schrecklich Leid, aber das kann ich nicht machen."

Der Bergmann, der mir sogar seinen Namen gesagt hat, versuchte es nochmals. Aber selbst wenn ich hingefahren wäre, es hätte mir niemand geglaubt, das wusste ich. Im Gegenteil, man würde mich für verrückt halten und wenn ich Pech hätte, landete ich noch in der Psychiatrie.

Untergang des russischen U-Boots Kursk

Im August 2000 hatte ich wieder so eine „unheimliche Begegnung".

Am 12. August 2000 um 11.28 Uhr Moskauer Zeit registriert eine seismologische Station im Norden Norwegens einen großen Ausschlag. Das russische U-Boot Kursk befindet sich zu diesem Zeitpunkt in 19 Metern Tiefe in der Barentsee. Am Abend wird in Moskau bekannt, dass es bei der Kursk am 12. August um 23.30 Uhr Moskauer Zeit zu einem Unglück kam.

Die Weltöffentlichkeit erfährt nicht alles, am Anfang gibt es jede Menge Spekulationen über das Unglück. Zuerst wird bekannt gegeben, das U-Boot sei mit einer Mine zusammengestoßen. In der zweiten Version heißt es dann, die Kursk wäre mit einem anderen U-Boot kollidiert. Es wird weiter behauptet, dass die Rettungsarbeiten bereits am 13. August morgens begonnen haben, nachdem der Standort des U-Bootes ausgemacht war. Aber erst am 14. August wird die Öffentlichkeit darüber informiert, dass es eine Panne gegeben hat.

18 Rettungsversuche, an die Kursk anzudocken, sind fehlgeschlagen. Der Öffentlichkeit will man indes noch eine Woche nach dem Unglück weismachen, dass zu diesem Zeitpunkt offensichtlich noch Lebende an Bord sind. Es wird sogar behauptet, es gäbe Klopfzeichen.

Am Morgen des 21. August öffnen norwegische Taucher eine Luke der Kursk und melden, dass zu diesem Zeitpunkt alle 118 Personen an Bord längst tot sind.

Bereits ein paar Tage nach dem Unglück, als Moskau noch behauptete, es gäbe Klopfzeichen, stand ein junger Mann bei mir im Zimmer, ein Verstorbener, das war mir klar. Aber was wollte er? Er war einer der verunglückten russischen U-Boot-Leute. Er war gekommen, um die Wahrheit zu sagen, die Wahrheit über den Untergang der Kursk. Ganz genau schilderte er, wie sich das Unglück ereignete. Es war zu einer Explosion gekommen, ein Torpedo war innerhalb des U-Boots explodiert.

Am nächsten Tag traf ich mich mit Freunden und erzählte ihnen von dem Besuch am vergangenen Abend. Zu diesem Zeitpunkt sprach noch niemand über eine Explosion. Sie wurde erst später bekannt.

Ein schweres Zugunglück

An einem schönen warmen Sommerabend saßen meine Freundin und ich zusammen. Wir redeten über alles Mögliche und plötzlich sah ich ein Bild vor mir. Da ich aber an diesem Abend „nicht behelligt" werden wollte, reagierte ich zunächst nicht darauf. Doch das Bild blieb. So konnte ich nichts anderes tun, als mich damit auseinander zu setzen.

Also sah ich es mir genau an und sprach laut, damit meine Freundin zuhören konnte. Ich sah viel Natur, Bäume und Wiesen und ich sah Rauch. Ich bemühte mich und erzählte weiter, was ich sah: Menschen kletterten in Panik über irgendetwas, genau konnte ich es nicht erkennen, da sehr viel Rauch aufstieg. Zuerst dachte ich an ein Open Air-Konzert, bei dem die Menschen fluchtartig davonrannten. Langsam wurde das Bild immer deutlicher, mir wurde ganz schlecht, denn ich sah ein Zugunglück. Ich sah Metallteile herumliegen, viel Rauch und verletzte Menschen. Wieso bekam ich dieses Bild? Ich sprang auf und lief aufgeregt hin und her. Was sollte ich nur mit diesem Bild anfangen? Ich wusste nicht, ob das Unglück schon geschehen war oder wo es stattgefunden hatte. Stundenlang saßen wir noch beisammen und überlegten, aber wir kamen einfach nicht weiter. Spät in der Nacht fuhr ich nach Hause, schlafen konnte ich nicht, ich sah dauernd das Bild mit den Verletzten.

Am nächsten Morgen, es war der 22. Juni 2001, hörte ich es in den Nachrichten: Um 8.27 Uhr, auf der Fahrt von Weiden nach Nürnberg, war ein Zug verunglückt. Drei Menschen starben und vierundzwanzig wurden verletzt, fünf davon schwer. Der Zug fing sofort Feuer, der Frontbereich brannte völlig aus. Einige Zuginsassen lagen bereits im Rasen, dort kümmerten sich die leichter Verletzten um die schwer Verwundeten. Rund eine Stunde brauchte die Feuerwehr, um die Flammen zu löschen.

Am Abend desselben Tages geschah dann noch ein weiteres Zugunglück. In der Nähe von Dillingen/Bayern rammte ein Regionalzug einen PKW. Das Ehepaar und seine beiden Kinder in dem Fahrzeug waren sofort tot. Bei diesem Zugunglück gab es leider auch mehrere Verletzte.

Geschockt über die Nachrichten im Radio schaltete ich den Fernseher ein. Was sah ich: Genau das Bild, genau die gleiche Perspektive mit den Trümmern, dem Rauch und den Verletzten, die in Panik versuchten, aus dem Zug zu klettern. Solche Situationen sind jedes Mal ganz schrecklich für mich und ich brauche Tage, bis es mir wieder besser geht.

ICH über mich

Ganz Deutschland stand in Flammen, als ich auf einer Insel das Licht der Welt erblickte. Mein Leben verlief nicht immer einfach, schon die Geburt war sehr dramatisch und wie ein Wunder überstanden meine Mutter und ich diese Strapazen.

Ich wuchs als Einzelkind auf, war sehr viel allein, aber das störte mich nicht. Ich konnte herrlich allein spielen. Meine Erziehung war sehr streng, es gab Schläge, aber es gab auch großartige Lebenshilfen.

Wenn ich heute so zurückblicke, dann fällt mir auf, dass es mehrere Situationen gab, die ich nur durch ein „Wunder“ überlebte. Es begann mit der dramatischen Geburt, dann im letzten Kriegsjahr wurde ich von einem Jagdbomber beschossen, die Kugeln schlugen direkt neben mir ein. Breitete damals ein Schutzengel seine Flügel über mich?

Ein Jahr später verbrannte ich mir furchtbar den linken Fuß. Es gab keinerlei Medikamente nach dem Krieg. Der Knochen eiterte bereits, die einzige Möglichkeit, mir zu helfen, war eine Amputation unterhalb des Kniegelenkes. Der Termin zur Operation stand schon fest. Da kam Hilfe in Form eines US-Offiziers, der als Arzt damals schon Penicillin hatte. Ich hatte später nie Gelegenheit, diesem Besatzungssoldaten zu danken, jetzt endlich kann ich es tun:

Aus ganzem Herzen sage ich hier Danke, ein allerherzlichstes Vergelt's Gott, dem Manne, vom dem ich den Namen nicht kenne und der mir so sehr geholfen hat.

Danach überstand ich noch zwei Vergiftungen, eine Dioxydvergiftung und eine, weil ich die Fleckenwasserflasche mit der Hustensaftflasche verwechselte. Mein Schutzengel hatte immer viel zu tun, während all der Jahre.

Den Tod meines Vaters im Jahre 1962 hatte ich ja ein paar Stunden vorher gespürt. Doch ich wusste nicht, wie und wo er sterben würde. Es ging alles sehr schnell. Mein Vater bekam einen Herzinfarkt mit fünfundfünfzig Jahren und war sofort tot. Ich glaube fest daran, dass es die starke seelische Verbindung zwischen uns war, die es ermöglichte, dass sich mein Vater einen Tag nach seinem Tod bei mir meldete. Wir konnten reden und ich hatte die Möglichkeit, mich von ihm zu verabschieden.

Ein Jahr später erlitt ich während einer Operation einen Herzstillstand. Ich war klinisch tot. Als ich wieder aufwachte, war mir schlagartig klar, dass ich das, was ich erlebt hatte, keinem Menschen erzählen konnte. 1963 waren die Menschen noch nicht so weit, keiner hatte von hellem Licht und dunklem Tunnel gehört. Ich spüre heute noch den Sog, der mich ins Licht zog. Ich wollte nicht mehr zurück, wehrte mich, ich wollte nur in dieses strahlende Licht. Doch ich wachte wieder auf. Stundenlang lag ich anschließend schweigend da und versuchte, Ordnung in meine Gedanken zu bekommen. Was war da wohl mit mir geschehen?

Schade, dass ich damals noch nicht die Bücher von Frau Dr. Kübler-Ross gelesen hatte.

Mein Leben lief weiter, zwar nicht mehr so wie früher, aber es ging einfach weiter... bis – ja bis zum nächsten dramatischen Kampf der Ärzte um mein Leben. Vielleicht brauchte ich nochmals ein solches Erlebnis, denn erst jetzt war ich bereit, mein Leben total zu verändern.

Es war nur ein kleiner chirurgischer Eingriff, aber eine Ader wurde nicht richtig geschlossen. Mein Bauch war schon voller Blut, ich wurde ohnmächtig. Erst da erkannten die Schwestern die Gefahr und alarmierten den Arzt. Es war ein kleines Krankenhaus, in der Nacht war nur ein Arzt anwesend und der versuchte sein Möglichstes. Blutkonserven wurden gebraucht, doch der Zuständige hatte alles verschlossen und war nicht anwesend, niemand wusste, wo er war. Mein Zustand verschlechterte sich zusehends. Endlich kamen die so dringend benötigten Blutkonserven. Als ich aus der Narkose erwachte, saß der Arzt an meinem Bett und hielt meine Hand. Er schaute mich an und fragte nach meinem Namen und nach meinem Geburtsdatum. Keiner der anwesenden Ärzte glaubte, dass ich geistig noch normal wäre. Zu groß war der Blutverlust und darüber hinaus hatte auch mein Hirn zu wenig Sauerstoff bekommen. Der Arzt hatte in der Nacht kurz vor der Notoperation seine Frau, auch eine Ärztin, gerufen und die beiden versuchten ihr Möglichstes.

Ein paar Tage später, bei der Visite, sagte der Arzt einen Satz, den ich bis heute nicht vergessen habe: „In der Nacht ist ein Wunder geschehen. Wir beide als Ärzte können dies nicht so richtig begreifen, aber durch dieses Wunder haben wir beide wieder zu Gott gefunden."

Es war Spätsommer, ich lag stundenlang im Garten und fragte mich: Ist wieder ein Wunder geschehen? Ich begriff, so konnte mein Leben nicht weitergehen. Ich hatte mich viel zu lange dahintreiben lassen, ich musste einen anderen Weg gehen, ich musste meine Richtung ändern, da war „etwas", aber was?

Ein paar Monate später ließ ich mich scheiden und zog mit meinem Sohn in eine andere Stadt. Eine Fremde in einem fremden Land. Ohne Hilfe musste ich es schaffen. Ich krempelte die Ärmel hoch, suchte mir einen Job und mit einer großen Portion „Gottvertrauen" schaffte ich alles.

Trotz vieler Arbeit nahm ich mir stets Zeit für meinen Sohn, Zeit um zu lesen und um Seminare und Ausbildungen zu besuchen. Der erste große Urlaub mit meinem Sohn im Jahre 1983 führte uns nach Sri Lanka. Hier erholte ich mich nicht nur sehr gut, sondern ich brachte auch einen „Bazillus“ mit, der mich faszinierte und dem ich immer mehr Zeit widmete: Es war der Buddhismus, diese Religion lässt mich bis heute nicht mehr los.

1985 fanden die ersten Seminare über Selbstfindung statt, die ich leitete. Ich machte eine Ernährungsausbildung, und auch auf diesem Sektor fanden immer wieder Kurse statt. Inzwischen hatte ich mich mit einem Schlankheitsstudio selbstständig gemacht, es ging immer weiter bergauf. Die Urlaube mit meinem Sohn waren immer wunderschön, ob nun an der Küste der Adria oder auf Malta. Inzwischen bin ich viel gereist, wurde auch von Schamanen-Priestern unterrichtet. So war ich auf Kuba, auf Jamaika und in Yucatan/Mexiko. Ich war in einigen Klöstern im Norden von Thailand und Birma und wochenlang unterwegs in Peru.

1990 flog ich das erste Mal nach Indien. Als ich von dort zurückkam, wollte ich noch mehr über andere Religionen wissen. Also schrieb ich mich an der Uni für Religions-Philosophie ein.

Wenn ich so zurückdenke – was habe ich an Seminaren, Vorträgen und Kursen gehalten. Ganz besonders gerne denke ich auch an Abende bei mir zu Hause, wo ich mit Freunden und Bekannten Rückführungen in frühere Leben unternahm.

Mein großes Hobby aber ist nach wie vor die Numerologie. Ich erstelle Analysen über das jetzige Leben (Vergangenheit und Zukunft) und zeichne die Schwächen und Stärken des betreffenden Menschen auf. Besonders wichtig ist das vorangegangene Leben, mit all seinen erledigten und unerledigten Aufgaben. Die numerologische Analyse ist eine große Hilfe für jeden Menschen, der mehr über sich wissen will. Die Zahlen sind der Schlüssel zum eigenen Selbst.

Wenn Sie Fragen an mich haben oder mit mir über Ihre Probleme reden möchten, dann senden Sie mir doch eine E-Mail. Ich verspreche Ihnen, ich melde mich ganz bestimmt und versuche zu helfen, egal welches Problem Sie haben.

Meine E-Mail Adresse ist: gabriele_koestinger@hotmail.com.

Eine Liste bekannter Befreiungstherapeuten und Ausbilder für Befreiungstherapie erhalten Sie von Trutz Hardo, Tempelherrenstr. 18, D-10961 BERLIN. Er wird Sie auch gerne über seine Reinkarnationsseminare und Ausbildungen zum Rückführungsleiter informieren:

Seine E-Mail-Adresse lautet: mail@trutz-hardo.de. Seine Homepage finden Sie unter www.trutzhardo.de.

Edith Fiore

Besessenheit und Heilung

Die Befreiung der Seele

ISBN 3-931652-08-4
224 Seiten, gebunden
€ [D] 15,90 / sFr 27,40

Die in den USA bekannte Psychologin behandelt das außergewöhnliche und von vielen Wissenschaftlern tabuisierte Thema der Besessenheit. Depressionen, Phobien, Sucht und viele andere Erkrankungen können durch Geister verursacht werden, die nach dem Tod als »erdgebundene Seelen« in der physischen Welt bleiben und sich mit Lebenden verbinden. Die Autorin hat Hunderte solcher Fälle behandelt und nach Jahren praktischer Erfahrung und Forschung festgestellt, dass rund 70 Prozent davon an Besessenheit litten. Darüber hinaus erörtert sie ausführlich Tod und Übergang und gibt praktische Anweisungen, wie wir Besessenheit bei uns selbst und anderen entdecken, uns vor fremden Wesenheiten schützen oder von ihnen lösen können. Sie entmystifiziert und zeigt Therapeuten wie Laien wirksame Wege aus problematischen Seelenzuständen.

Ted Andrews

Zauber des Feenreichs

Begegnung mit Naturgeistern

ISBN 3-931652-30-0
256 Seiten, broschiert
€ [D] 15,90 / sFr 27,40

Mit ein wenig Geduld und Ausdauer lernen Sie die Gegenwart von Feen, Elfen, Devas und anderen Naturgeistern zu spüren und wahrzunehmen. Öffnen Sie Ihr Herz und Ihre Sinne diesen nicht auf den ersten Blick sichtbaren Bereichen des Lebens und seinen Quellen und Sie wecken die Ihnen angeborenen Fähigkeiten, das Leben in seiner ganzen Fülle zu leben. Ein Werk voller Zauber über eine faszinierende Welt, die greifbar vor uns liegt, und die es nur zu entdecken gilt!
Ein Handbuch mit praktischen Anleitungen, Meditationen und Übungen in der Natur für die Arbeit mit dem Unsichtbaren.

Judith Bluestone Polich

Die Wiederkehr der Kinder des Lichts

Prophezeiungen der Inkas und Mayas für eine neue Welt

Das Werk bietet einen tiefen Einblick in die alten Hochkulturen. Doch das eigentlich Faszinierende besteht darin, wie sehr sich in unserer unmittelbaren Gegenwart die Prophezeiungen jener Kulturen erfüllen. Es ist die Synthese der Wissenschaften mit einem völlig neuen Bewusstsein, die uns in ein neues Zeitalter führen wird. Überzeugend wird dargelegt, dass es dabei keineswegs zu Apokalypsen kommen wird, sondern zu einem tieferen Selbstverständnis des Menschen, der zugleich Schöpfer einer neuen planetaren Zivilisation wird. Unser Weg in eine Zukunft mit völlig neuen Möglichkeiten führt über das Verstehen unserer Vergangenheit, worüber die Inkas und Mayas bereits damals ein tiefes Wissen hatten. Es ist vor allem ein Buch über unsere enormen Chancen für eine schon nahe Zukunft.

ISBN 3-931 652-97-1
168 Seiten, broschiert
€ [D] 14,90 / sFr 25,80

Verena S. Trautwein

Die Kraft der Lichtspirale

Die Geburt in eine liebevolle und erfüllte Wirklichkeit

»Ich werde dich mit deinen verschiedenen Seelenanteilen bekannt machen«, sagte Shari Laran zur Autorin.

Mit unserem Körperbewusstsein befinden wir uns in der Welt der Trennung, während sich unsere Seele in der Einheit befindet. Wie können wir unser wahres Wesen, die Seelenessenz erkennen und in unser Alltagsbewusstsein integrieren? Wie können wir uns mit unserem Höheren Selbst verbinden? Die Antwort kommt von geistigen und inneren Führern. Übungen zur Transformation durch die Kraft der Lichtspirale und zur Harmonisierung der Energiefelder verhelfen zur energetischen Neustrukturierung der Persönlichkeit.

ISBN 3-931652-94-7
336 Seiten, broschiert
€ [D] 17,90 / sFr 30,50

Anneliese Seebacher

Damit die Liebe wieder fließen kann

Neue Harmonie in der Familie

ISBN 3-898845-010-4
192 Seiten, gebunden
€ [D] 16,90 / sFr 29,00

Dies ist ein Buch über die Liebe, über Liebende und Nicht-mehr-lieben-Könnende. Es handelt von der großen Sehnsucht nach Liebe, die wir alle kennen, und den tiefen Schmerzen, die oftmals mit den Erfahrungen von Liebe einhergehen.

Viele Menschen machen die Erfahrung, dass Liebe weh tut. Warum ist das so? Unsere Meisterschaft im Lieben, über die wir von Geburt an verfügen, wird durch unser soziales Umfeld unterbrochen, blockiert und beschnitten. Wie gehen die Eltern mit dem Kind um? Was denken sie über die Liebe und wie begegnen sie einander? Wie gehen sie selbst mit ihren Eltern um, liebevoll akzeptierend oder lieblos anklagend? Wie sieht es mit der Liebe zu ihren Geschwistern aus? Diese Prägungen wirken sich auf unser späteres Liebes- und Beziehungsleben aus.

Elisabeth Kübler-Ross

In Liebe leben

ISBN 3-898845-024-4
64 Seiten, geb., vierfarbig
€ [D] 9,90 / sFr 17,40

Zum 20. Geburtstag unseres Verlags präsentieren wir allen LeserInnen dieses kleine Buch mit den tiefgreifendsten Gedanken von Frau Dr. Kübler-Ross zum Thema Liebe und über das Leben nach dem Tod.

Das schön illustrierte Büchlein eignet sich bestens als Geschenkbuch für Kübler-Ross-Begeisterte, die es sicherlich auch selbst vielen Bekannten ans Herz legen möchten.

Die Autorin hat mit ihren Forschungen den Menschen klargemacht, dass mit dem Tod entgegen der »wissenschaftlichen« Meinung ein neues strahlenderes Leben beginnt, auf das wir uns alle freuen können.

Sie ist inzwischen 76 Jahre alt und verfolgt trotz schwerer Krankheit noch immer mit großer Teilnahme, wie viele ihrer Anregungen in der Sterbehilfe und Hospizbewegung überall in der Welt umgesetzt werden.

Phyllis Virtue-Carmel

Planet der Wandlung

Offenbarung des Rates der Neun

Ein internationales Forscherteam aus hochkarätigen Wissenschaftlern setzte sich jahrzehntelang mit einer von Raum und Zeit unabhängigen Gruppe, dem »Rat der Neun«, auseinander. Diese uns bewusstseinsmäßig unendlich überlegene Gruppe aus dem Kosmos behandelt via Tieftrance der Autorin weise und überzeugend Themen wie die Bedeutung der Evolution des Bewusstseins, Ursprung und Zukunft der Kulturen und Religionen, Existenz und Aufgabe außerirdischer Intelligenzen, die atlantische Kultur und Willensfreiheit. Weiter geht es um die besondere Rolle, die der Planet Erde in unserem Universum spielt. Aus höchster Quelle erhalten wir Antworten auf eine Vielzahl existenzieller Fragen. Unter den Dialogpartnern dieser kosmischen Wesen findet sich auch Gene Roddenberry, Schöpfer der Science Fiction-TV-Serie »Raumschiff Enterprise«, der seine Filmideen vielfach diesen Übermittlungen entnahm...

ISBN 3-923781-92-X
370 Seiten, gebunden
€ [D] 19,90 / sFr 33,60

Isabella Monti

Ein himmlischer Dialog

Eine neugierige Seele spricht mit Gott über unsere Welt

Eine kleine Seele trifft Gott beim Spaziergang im Himmel. Zwischen beiden beginnt ein Gespräch über Liebe und Angst, Schuld und Unschuld, Freude und Leid, Krankheit und Tod, Erziehung und Beziehungen, Sucht und Eifersucht, Religion und den Sinn unseres Erdendaseins. Und Gott antwortet geduldig auf alle Fragen, einfach und klar.

Das Büchlein ist für Jung und Alt, für Männer wie Frauen, für (Noch-) Pessimisten, Optimisten und Realisten, für Gläubige und Ungläubige – und ganz besonders für Sie. Die Geschichte der kleinen Seele ist ein wertvoller Wegweiser, der Mut machen und Perspektiven eröffnen kann.

ISBN 3-89845-013-9
64 Seiten, gebunden
€ [D] 9,90 / sFr 17,40